다시 / 쓰기 / 위하여

여름의서재

다시 쓰기 위하여

하루 10분
하브루타
글쓰기 수업

우예지 글

추천의 글

'나이와 상관없이 꿈꾸는 사람'. 프롤로그에 적힌 이 문구가 《다시 쓰기 위하여》를 읽는 내내 떠올랐다. 힘든 시간 스스로에게 질문을 던지고 '자신만의' 답을 써 내려가며 다시 삶을 일으켰다는 저자. '질문 글쓰기'라는 단순한 루틴이 우리 모두를 꿈꾸는 사람으로 만들어줄 것이라는 사실을 나 역시 잘 알고 있기 때문이다.

무엇을 써야 할지 모르겠다면 책 속 '10분 마음처방전'을 적극 활용하면 된다. 각자의 일상과 삶을 깊이 있게 성찰하기에 충분한, 멋진 질문들이 한가득이라 좋은 가이드가 되어줄 것이다. 매일 질문을 던지고 글을 정리한다는 것은 나다운 삶, 주도적인 삶을 만들어간다는 의미이다. 그 과정 속에서 우리는 깨닫게 될 것이다. 나는 어떤 사람이었는지, 무엇을 좋아하고 무엇을 꿈꾸었는지.

이 책은 미처 발견하지 못한 내 안의 새로운 세상을 만나는 데 도움을 줄 것이다. 어떻게 살아야 할지 모르겠다면, 여전히 내가 누구인지 어렵다고 느껴진다면 매일 짧은 시간을 이용해 삶을 완전히 바꿔보는 건 어떨까. 이 책에서 '나만의 해답과 방향'을 발견하게 될 것이다.

김애리(작가)

누군가에게는 멀기만 한 글쓰기를 오늘의 일상 속으로 불러오는 힘을 가진 책이다. 《다시 쓰기 위하여》는 두 아이의 돌봄과 우울, 번아웃, 자존감의 붕괴 속에서 매일 쓰는 일이 어떻게 한 사람의 삶을 다시 살려내는지를 증명한다. 저자는 하루 10분, 스스로에게 묻고 그 답을 써 내려가며 자신을 회복하는 여정으로 안내한다. 그렇게 쌓인 글들은 단순한 기록이 아니라 마음의 구조를 재정비하는 과정이 된다.

이 책은 거창한 문학이나 거대한 자기계발이 아니라, 매일의 글쓰기가 삶을 구할 수 있다는 사실을 보여주는 실천적인 가이드이자 개인적인 역사서이다. 저자가 제안하는 '10분 마음처방전'은 누구나 일상에서 바로 시도할 수 있다. 페이지마다 담긴 질문과 성찰은 우리로 하여금 멈춰 있던 마음을 다시 움직이게 한다. 책을 사랑하고 스스로를 다정하게 돌보고 싶은 사람, 그리고 그 모든 여정을 글쓰기로 실현하고자 하는 이들에게 이 책은 확실하고 든든한 안내서가 되어줄 것이다. 삶이 버겁게 느껴지는 이들에게, 이 책은 '다시 쓰기'가 곧 '다시 살아보기'임을 강하게 일깨울 것이다. 한 줄의 글이 하루를 바꾸고, 하루의 기록이 결국 자신을 구할 수 있다는 희망이 필요한 모든 이들은 이 책을 곁에 두길 바란다.

정지우(작가 · 변호사)

프롤로그

830명에게 물어보았지만

 2021년 12월, 여느 때와 다름없는 오후였습니다. 아직 혼자 앉지 못하는 둘째 다감이를 무릎에 앉히고 두 살 다정이의 선생님 놀이를 보고 있었지요. "자, 여러분. 이것 좀 보세요. 여기 엄마가 있어요. 바람이 불었어요."라는 아이의 목소리가 아득해지더니 환청이 들렸습니다. 무언가에 이끌리듯 창문 위에 올라서려 몸을 일으키려던 찰나, 둘째의 뒤통수가 보이더군요. 배냇머리가 듬성듬성 빠져 허연 뒤통수. 순간 정신이 번쩍 들었습니다.
 '내가 지금 무슨 일을 저지르려던 거지?' 온몸에 소름이 쫙 돋았습니다. 남들도 다 같겠거니 싶어 꾹 참고만 지냈지만, 생각보다 위험한 상황임을 깨달았습니다. 이렇게 아이들을 두고 갈 수는 없었습니다. 이 바닥을 딛고 죽을힘을 다해서 살아내자고 결심했지요.

처음에는 타인에게 도움을 청했습니다. 가족이나 지인, 심리상담사를 찾았어요. 그러나 엄마는 "어린 애들 키우는 일이 다 그렇지, 유난을 떤다."라고 하셨고, 지인은 '우울증은 정신력의 문제'라더군요. 심리상담 선생님은 매번 "예지 씨 안에는 이미 충분히 이겨낼 힘이 있어요."라는 알 듯 모를 듯한 말만 하셨습니다.

'내 안의 힘'이라. 황량한 들판에 누더기를 입고 선 늙은 허수아비 같은 나에게 어떤 힘이 남아 있을까요? 아니요, 내가 어떤 사람인지조차 전혀 알 수 없었습니다. '내가 누군데?' 뜨거운 물에 젖병을 삶고 욕실 바닥을 솔로 벅벅 문지르면서 아무리 물어도 모르겠습니다. 부아가 치밀어 천 기저귀를 더욱 세게 탁탁 털었습니다. 그러기를 며칠, 어렴풋하던 내 모습이 조금씩 선명해졌습니다.

그제야 깨달았습니다. 9년 동안 830여 명을 만나 질문하고 이야기를 나누었지만, 정작 나에게는 어떠한 것도 묻지 않았다는 사실을요. 하루의 가장 고단한 시간과 자유로운 때는 언제인지, 가장 좋아하는 바람의 온도나 나뭇잎의 색은 무엇인지, 지금 가고 싶은 곳은 어디인지. 나에 대해 아는 게 하나도 없었습니다. 그러니 '나를 구할 방법'을 몰랐던 건 당연합니다. 한없이 나락으로 떨어지는 나를 구하고 싶었습니다. 다시 빛나고 싶었어요.

근사했던 내 모습을 떠올려보았습니다. 그러자 초등학생

시절부터 이름 앞에 붙었던 '글 잘 쓰는'이라는 수식어가 기억나더군요. '그래, 다시 글을 쓰자. 그러면 내가 누군지 알 수 있을 거야. 다시 삶이 두근거릴지도 모르지.' 그날부터 쓰기 시작했습니다. 매일 10분씩, 나에게 하나의 질문을 하고 답을 적었어요. 어떤 날은 종이가 뚫릴 만큼 박박 휘갈겨 쓰고 어떤 날은 잠든 아이들 옆에서 스마트폰 자판을 누르며 줄줄 눈물을 흘렸습니다. 그 시간이 제 숨구멍이었습니다.

하루 또 하루, 시간이 지날수록 점점 넓어진 구멍으로 다시 세상을 만났습니다. 2022년 시작한 글쓰기는 2022년 글쓰기 모임 리더, 2023년 하브루타 1급 강사, 2024년 하브루타 글쓰기 강사와 공동 저서 출간으로 이어졌어요. '하루 10분' 글쓰기에는 다시 가슴 뛰는 삶을 살게 해주는 힘이 있었습니다.

당신은 어떠신가요? 나이나 직업, 역할에 따라 주어진 일들만 열심히 하고 계시진 않나요? 안타깝게도 열심히 산다고 해서 누구나 행복한 건 아닙니다. 잘못된 방향으로 열심히 걸어봤자 되돌아오는 길만 힘들지요. 내가 가고자 하는 목적지가 어디인지, 그곳에 어떻게 가는 게 좋은지 점검하며 가야 가장 빨리, 제대로 도착할 수 있습니다. 먼저 나 스스로에게 이런 질문을 던져보세요.

돈과 시간의 제약이 없다면 꼭 하고 싶은 일은?
1년 후, 나는 어디에서 무엇을 하고 있을까?

아이의 결혼식 전날 밤, 아이에게 해주고 싶은 말은?

질문이 낯설거나 바로 대답이 떠오르지 않는다면, 지금까지는 나만의 기준이 없었을 가능성이 큽니다. '괜찮겠지'라며 조금씩 쌓이는 감정을 그대로 두면 어떻게 될까요? 둑이 점점 높아져 그 안에 갇힐 겁니다. 저처럼 제자리에서 고인 채 마음이 흐물거리거나, 소중한 사람과의 관계가 삐걱거리는 등 여러 문제를 마주할 테지요.

《다시 쓰기 위하여》에는 길을 잃고 헤매던 저에게 따뜻한 위로와 깊은 성찰을 전한 서른여섯 권의 책과 질문, 하브루타 글쓰기 방법을 담았습니다. 그저 책을 읽기만 하면 삶은 변하지 않습니다. 내 삶에 적용해 생각하고 기록해야 삶을 바꿀 힘이 생깁니다. 하나하나 단어를 쌓다 보면 어느 순간 한없이 높았던 둑이 낮아진 걸 느끼실 거예요. 인생의 고비를 성큼 넘어 한 단계 성장한 나를 발견할 겁니다.

3년 동안 다양한 연령대, 다채로운 경험을 한 이들과 글쓰기 수업을 했습니다. 자기소개서가 마지막이라 글쓰기가 어색한 분, 글 쓰는 일이 어렵기만 한 분, 글로 꿈을 이루고 싶은 분 모두 차근차근 미래를 향해 나아가시도록 단계별로 도와드리겠습니다. 더불어 각 장은 나에서 시작해 가족과 주변을 돌아보고 세상을 향해 나아가도록 구성했습니다.

때로는 감정을 토해내고 때로는 객관적으로 상황을 마주

하면서 점점 다부지고 부드러운 삶의 자세를 갖추게 될 거예요. 그렇게 속부터 꽉 찬 힘으로 여러분의 꿈을 향해 담대하게 나아가시길 바랍니다. 나이와 상관없이 꿈꾸는 사람, 최고의 인생을 살아가는 여러분 곁에서 페이스 메이커로 따뜻한 응원을 전하겠습니다. 우리, 잘 살아봅시다.

차례

추천의 글		4
프롤로그	830명에게 물었지만	7

1장 나를 바꾼 하브루타 글쓰기

29개월 아이의 수술실 앞에서	18
하루 1%로 99%를 잘 사는 법	24
'하루 10분 글쓰기'를 3년 했더니 일어난 일	30
당신은 질문 있는 사람인가요?	35
상위 1% 성공한 사람들의 공통점	41
행복해지려고 애쓰지 마세요	46
다시 글쓰기를 시작하는 당신에게	52

2장 나라는 거울 속으로

거울 앞의 나는 어떤 표정을 짓고 있나요?	60
정말 열심히만 살면 행복해지나요?	66
가장 중요한 단어는 무엇인가요?	72
어떤 선택을 했든 어떤 삶을 살든	77
마음 속에 시가 있나요?	83
두려움이 파도처럼 밀려올 때	89
오늘이라는 책장을 넘기며	96

3장   일상 속 숨겨진 조각들

90년대 발라드를 좋아하세요?　　　　　104
내 어린 시절 사진에는　　　　　　　　109
붉게 저무는 태양을 본 적 있나요?　　　115
마음을 담는 병이 있다면　　　　　　　121
바람의 온도를 기억하나요?　　　　　　127
익숙했던 길이 특별해지는 순간　　　　133
실수가 가져다준 선물　　　　　　　　139

4장   사람의 정원에서

나라는 섬에는 누가 찾아오나요?　　　148
당신을 흔드는 흔적　　　　　　　　　154
기울어지지 않은 세상에서 살고 계시나요?　160
진짜 이야기를 찾는 법　　　　　　　　166
말하지 않고 마음을 알 수 있을까요?　　172
가장 가까운 현자를 찾아서　　　　　　178
아가, 엄마는　　　　　　　　　　　　184

5장	내 삶에서 한 걸음, 또 한 걸음	
	내 인생의 바람개비가 돌 때	192
	밤하늘의 별처럼 반짝이는 꿈이 있나요?	198
	당신의 담벼락 아래에서는	204
	나의 5cm 도미노는 무엇인가요?	210
	당신은 계속 배우는 사람인가요?	216
	무언가를 시작할 때 어떤 감정이 드나요?	222
	좋아하는 일을 잘하고 싶을 때	228
	당신의 인생은 몇 시인가요?	234

6장	삶이라는 여행	
	낯선 이의 따뜻한 미소를 기억하나요?	242
	시간이 흐를수록 맛있는 인생	248
	채우고 싶은 빈 곳	254
	가슴이 기우는 일	260
	내 인생의 나침반	266
	혼자만의 시간에 무얼 하나요	272
	삶의 마지막 순간이 온다면	278

| 에필로그 | 쓰는 사람이 된 당신에게 | 284 |

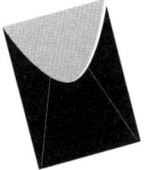

1.

나를 바꾼
하브루타
글쓰기

29개월 아이의 수술실 앞에서

**너를
기다리는 동안**

 2022년 9월 21일, 첫째 다정이의 수술실 앞에 앉아 있었습니다. 다정이는 내사시 교정을 위해 눈동자 근육의 길이를 조절하는 수술을 하고 있었지요. 어린아이라서일까요? 큰 수술은 아니었지만 전신 마취가 필요했습니다. 아이의 충격을 최소화하기 위해 제 앞에서 반을 마취하고 나머지는 수술실에서 진행하기로 했습니다.

아이가 들어가고 속절없이 앉아 있자니 초점을 잃은 아이 눈이 내내 머릿속을 맴돌았습니다. 보호자 한 명만 동반 가능하던 코로나19 시절, 의미 없는 이야기를 주고받을 사람도 없었습니다. 슬픔을 비처럼 맞는 일이 시간을 보내는 유일한 방법이었습니다. 아이를 처음 만나던 날, 이 병원의 복도가 떠올랐습니다.

다정이의 출산은 그야말로 생존이었습니다. 임신의 기쁨도 잠시였고 4개월 차부터 느닷없이 이명과 어지럼증, 구토가 찾아왔습니다. 여러 과의 진료를 받았습니다. 누구는 메니에르병을, 이명을, 간질을, 또 다른 뇌 질환을 이유로 들었습니다. 임신 기간이라 검사와 복용약에 제한이 많았습니다.

점점 혼자서는 일어날 수도 씻을 수도 돌아누울 수도 없어졌습니다. 일주일에 두세 번 불시에 혼절했다가 정신이 돌아오면 배를 더듬어 태동으로 아이의 생사를 확인했습니다. 그저 무사히 달이 차기만을 바랐습니다.

임신 9개월 차에야 병의 원인을 알았는데요. 자궁 밑의 혈관이 눌렸답니다. 그게 귀 뒤로 올라가는 혈관인데, 양쪽의 혈류 속도가 두 배 이상 차이 나 눈동자가 쉴 새 없이 움직였어요. 미세한 움직임에 그 폭이 커지면 어지럼증과 구토가 일어난다고 했습니다. 진통이 오면 아이와 저의 생사를 확신할 수 없기에 37주가 지나자마자 대학병원에서 아이를 출산했습니다.

마침내 나는
너에게 간다

 출산만 하면 끝일 줄 알았는데 무섭도록 부었습니다. 수술실에 들어가기 전과 이튿날 새벽부터 몸무게가 10kg 이상, 혈압은 최고 최저 모두 70mmHg 이상 차이 났습니다.
 문고리를 잡을 수 없을 정도로 손이 붓고 남편의 슬리퍼에도 발이 들어가지 않았습니다. 그래도 일어나서 걸어야 했습니다. 신생아실에 가서 아이를 품에 안아야 했습니다. 지난 6개월 내내 궁금했던 아이의 생사를 제 눈으로 확인해야 했어요.
 감각 없는 발바닥, 형태를 구분하기 힘든 시야 때문에 천장의 불빛으로 길을 찾으며 한 발 한 발 내디뎠습니다. '남들은 둘, 셋도 잘 낳는데 나는 왜 하나도 이렇게까지 힘드냐'며 신세를 원망했습니다.
 이윽고 복도 끝에 다다르자, 오른쪽에서 유난히 사람들의 움직임이 많이 느껴졌습니다. '대학병원이라 출산한 사람들이 많네'라고 생각했어요.

"다 왔어. 여기가 신생아실."

남편이 제 팔을 잡고 왼쪽 방 앞에 섰습니다. 의아함에 남편 쪽으로 고개를 돌리자 그가 말을 이었습니다.

"저쪽은 신생아 중환자실이야."

신생아실에는 네 명의 아이들이 있었습니다. 나는 황송한 마음으로 아이에게 젖을 물렸습니다. 비척거리며 걷는 내가, 흉측하게 퉁퉁 부은 내가, 그들은 얼마나 부러웠을까요? 미안하고 고맙고 또 미안했습니다.

내 가슴에 쿵쿵거리는 모든 발자국

살다 보면 인생에는 이런 순간이 제법 많이 찾아옵니다. 내가 세상에서 제일 불쌍한 줄 알았는데 나보다 더 안쓰러운 사람을 마주하는 순간. 내내 혼자라고 생각했는데 말없이 곁을 지키고 있던 사람들을 발견하는 순간. 할 수 있는 일이 하나도 없는 줄 알았는데 감당하기 버거운 일도 해내는 나를 만나는 순간.

물론 이 모든 순간을 알아차리기는 쉽지 않습니다. 정신없이 몰아치는 파도가 삶을 덮칠 수도 있지요. 끝없는 사막 위라 하루하루가 지루할지도 모릅니다. 그러나 죽은 물고

기만이 물살에 몸을 맡깁니다. 힘들다며 주저앉으면 삶의 위기에서 빠져나올 방법은 없습니다.

결국 살아남기 위해서는 스스로 악착같이 헤집고 나와야 합니다. 그리고 그 첫걸음은 '길을 찾겠다는 마음'을 먹는 것입니다. 어렵게 생각하지 마세요. 오른쪽에서 왼쪽으로 고개를 돌리는 아주 약간의 노력이면 충분합니다. 그 작은 노력이 나의 상황을 불행에서 행복으로 바꾸는 마법을 데리고 올 거예요.

29개월이 지나 다시 이 병원에 왔습니다. 이곳의 수많은 부모를 떠올려봅니다. 나는 그중 가장 작은 일 앞에 앉아 있는 사람, 오늘 아이와 함께 집으로 돌아가는 사람, 가진 것이 참 많은 사람입니다. 휴대전화를 꺼내 장기기증을 신청했습니다. 아이의 수술이 끝났다는 문자가 울렸습니다.

10분 마음처방전

3분 동안 지금 내가 힘든 상황을 노트 위에 적어보세요. 그다음 물을 한 잔 마시고 기지개를 쭈욱 켜세요. 다시 노트를 봅니다. 객관적인 눈으로 내가 힘든 정도를 0점부터 10점으로 평가해보세요. 그리고 지금 내가 겪는 일이 가장 최악으로 가면 어떤 일이 벌어질지 상상해서 적어보세요.

그다음, 지금 내가 처한 상황을 스스로 바꿀 수 있으면 동그라미, 바꿀 수 없으면 엑스로 표시하세요. 내가 바꿀 수 없으면 더 이상 고민할 필요 없고 내가 바꿀 수 있으면 해결책을 찾으세요. 일단 나의 상황을 제대로 파악하면 길이 보일 겁니다.

하루 1%로 99%를 잘 사는 법

Just One
10Minutes

    10분은 참 짧습니다. 알람에 실눈을 뜨고 다시 맞춘 10분은 잠깐 눈 감았다 뜨면 지나갑니다. 아침 10분은 어떤가요? 대충 눈곱을 떼고 옷 입고 우유 한 잔 마시면 끝입니다. 등에 땀이 흥건하도록 움직여도 도저히 시간의 속도를 따라갈 수 없습니다.

    10분은 참 깁니다. 이제 잠들기만 하면 하루가 끝인데,

아이는 쫑알쫑알 쉴 기미가 없습니다. "뒤집혔잖아. 여기, 여기에 맞춰."라고 가르쳐주면 금방인 일이지만 입을 꾹 닫고 기다려야 할 때, "손님, 오늘은 엘사처럼 해드릴까요?"라고 묻는 네 살 미용실 사장님에게 머리를 맡기고 앉아 있을 때의 10분은 왜 이리 느린지요.

또 10분은, 생각보다 많은 일을 할 수 있는 시간입니다. 갓난아기에게 분유를 먹인 후 꺼억- 소리가 나도록 등을 쓸어내릴 수 있고요. 늦은 점심으로 컵라면을 먹기에도 충분합니다. 모두가 잠든 고요한 10분, 저는 식탁에 앉아 글을 쓰기 시작합니다.

우울증이 심했던 시절, 비단 환청만이 문제는 아니었습니다. 어느 날부터인가 누가 말을 걸면 얼굴이 빨개지고 눈물이 왈칵 쏟아졌습니다. 지하철 개찰구 앞에 서면 가슴이 터질 것 같았고 버스를 탔는데 교통카드를 꺼낼 수 없을 정도로 손이 바들바들 떨려 도로 내린 적도 있습니다.

슬픔과 불안은 매일 곁을 맴돌다가 약간의 틈만 생겨도 비집고 들어왔습니다. 작은 물방울에도 스르르 녹는 휴지처럼 얇고 약한 마음이었습니다. 아이의 수술실 앞에서 무수히 많은 질문이 머리를 스쳤습니다.

갑자기 죽음이 찾아온다면, 가장 아쉬운 건 뭘까?

이 상황이 오기 전, 뭔가 변화시킬 수 있었을까?

삶을 변화시키기 위해 당장 할 수 있는 일은?

잠들기 전 10분, 미리 적어둔 질문에 답을 써 내려갔습니다.

나를 만나러 가는 길

글쓰기를 처음 시작한다면 10분을 만드는 일조차 쉽지 않습니다. 더욱이 우리는 "시간 없어, 빨리빨리."를 입에 달고 사는 한국인이니까요. 그러니 가장 먼저 할 일은 '10분 만들기'입니다.

저는 아이들의 머리 묶는 시간을 줄였습니다. 전에는 여러 개의 고무줄로 알록달록 모양을 냈는데 세 개의 고무줄로 잔머리만 정돈하고 깔끔하게 묶었어요. 집 안을 치우는 시간도 줄였습니다. 각을 맞춰 정렬하는 대신 '20분 후 시어머님이 집에 도착하신다'는 마음으로 발바닥에 모터를 단 듯 움직였습니다.

이처럼 하루를 점검하고 자투리 시간을 찾으세요. 그다음으로는 그 10분을 언제 사용할지 정하면 좋습니다. 저는 아이들을 등원시키고 돌아와 소파나 침대 대신 식탁으로 향했습니다. 잠깐 글을 쓰고 나서 차 한 잔이나 좋아하는 노래로 나를 위로했어요. 때로는 묵은 감정을 정리하며 묵은 짐도 비웠습니다.

　잠자기 전에 적기도 했습니다. '30분만 봐야지'라는 마음으로 스마트폰을 손에 들면 한두 시간이 순식간에 지나가고 '나를 위한 보상'이라며 소비까지 이어졌는데요. 그 대신 나를 격려하고 아이들과 남편에 대한 고마움을 적었습니다. 그러자 아무리 물건을 사도 헛헛하던 마음이 조금씩 채워지는 게 느껴졌습니다.

　글을 적다 보면 우울을 떨치기 위해 내가 할 수 있는 일이 떠오르기도 했습니다. 작은 일부터 하나씩 도전했습니다. 먼저 매일 아침, 가장 처음 만나는 사람에게 "안녕하세요." 하고 인사를 건넸습니다. 지하철 타는 연습도 했습니다. 첫날은 개찰구만 통과해 역사에 앉아 있다가 돌아오고 다음 날은 한 정거장, 그 다음 날은 세 정거장을 다녀왔어요. 사시나무 같던 떨림이 잦아들고 '내일은 조금 더 할 수 있겠다'는 자신감이 생겼습니다.

　10분. 하루에 찾아오는 144번의 10분 중 딱 하나만 나의 편으로 만들어보세요. 그 1%가 남은 99%를 이끌어 '도저히 못 할 것 같던 일'을 '해볼 만한 일'로 바꿀 겁니다. 하루하루

지날수록 마음이 풍선처럼 부풀고 휘청거리던 발걸음에 힘이 생길 거예요.

10분이 짧다고 생각하시나요? 하루 10분을 1년간 모으면 60시간입니다. 오직 나만을 위한 60시간. 나를 다독이고 세상을 향한 시선을 바꾸기 충분한 시간입니다. 속는 셈 치고 딱 10분만 써보자고요.

10분 마음처방전

자선경매에 등장하는 워런 버핏(Warren Buffett)과의 점심식사권은 엄청난 고가이지만 경쟁이 치열합니다. 그의 지혜와 조언을 들을 수 있기 때문이지요. 식사 자리에서 워런 버핏은 말합니다. "성공하고 싶다면 두 가지만 하세요. '잘나가는 사람의 습관' 열 개와 '내가 고치고 싶은 습관' 열 개를 적는 겁니다. 앞의 목록은 하나씩 이루고 뒤의 목록은 하나씩 지우십시오."

자, 우리도 해볼까요? 먼저 시간을 낭비하는 습관을 찾을 거예요. 작은 크기의 포스트잇과 펜을 챙겨 자리에 앉으세요. 월요일부터 금요일까지 5일을 나열하고요. 시간별로 내가 하는 일을 적어보세요. 포스트잇 하나를 30분으로 정합시다. 그러면 내가 언제, 어디에 시간을 사용하는지 한눈에 알 수 있어요. 시간을 낭비하는 습관들이 눈에 띌 겁니다. 그것들을 줄이기 위한 방법을 생각해보세요. 비워야, 좋은 것을 채울 수 있습니다.

'하루 10분 글쓰기'를 3년 했더니 일어난 일

나의 친애하는
낡음

트렌드에 민감하신가요? 저는 그렇지 않습니다. 애용하는 가방과 즐겨 입는 옷, 심지어 노트북까지 대부분 10년이 훌쩍 넘었어요. 저는 오랜 세월 함께 지낸 물건에 더 애정이 갑니다.

성향이 이렇다 보니 재미있는 일도 겪었는데요. 직원들과 식당에서 점심식사를 마치고 나오던 길이었어요. 제가 계산대 앞에서 카드를 꺼내자 한 선생님이 화들짝 놀라며 "어머, 예지 선생님도 신용카드 쓰세요?"라고 하시더라고요. 저는 카드 없이 현금만 쓰고 은행 창구에서 돈을 찾을 것 같았다나요.

때로는 산골에서 유년 시절을 보냈냐는 질문을 받고, 친구들은 제가 사기를 당할까 봐 걱정했지만 저는 '있는 그대로의 나'가 좋았습니다. 90년대 발라드를 즐겨 듣고 고전 명화를 찾아보는 '나'를 좋아했습니다.

초라하고 추레한 나

아이를 낳고 나니 세상을 따라가지 못할까 봐 두렵더군요. 유명한 아기띠보다 포대기가 편한 내가 촌스럽고 천 기저귀를 쓰는 내가 고리타분하게 느껴지고요. '나 때문에 내 아이들도 뒤처지는 건 아닐까?' 불안했습니다.

글쓰기도 자신 없어졌습니다. '한 문장에 열다섯 글자를 넘지 마라', '길면 아무도 안 읽는다', '강력한 후킹은 필수다'와 같은 세상의 기준에 맞추려 애썼어요. 인기 있는 영화나 드라마, 노래 하나 알지 못해 시대에 뒤처질까 걱정하고요. 온종일 집에서 아이들과 지내는 나처럼 내 글도 초라하고 외면받을까 봐 무서웠습니다.

그 무렵, 우연히 엄마들의 자기계발 인터넷 카페에 가입했습니다. 그곳에서 처음 감사일기를 접하고 회원들과 함께 쓰고 올리기 시작했어요. 제 글의 조회수가 조금씩 올라갔습니다. '글쓴이가 누군지 궁금하다'는 말도 더러 전해 들었습니다.

그래서 그동안 혼자 써왔던 질문과 대답을 카페에 올리기로 했습니다. 스마트폰에 적으니 빨리 쓸 수 있고 댓글이 달리니 재미있더라고요. 덕분에 활동을 이어갈 수 있었습니다. 2022년 하반기부터는 카페 내 글쓰기 모임의 리더를 시작했습니다.

'쓸모 있는 사람'임을 깨달으니까 더 잘하고 싶어졌습니다. 그래서 다각도로 생각하고 깊이 있는 질문을 만드는 하브루타를 배웠습니다. 하브루타 수업은 잘 모르는 사람과도 서로 질문하고 토론해야 했습니다. 처음에는 이름을 말할 때도 어려웠는데 자꾸 하다 보니 비 맞은 양처럼 바들바들 떨던 게 차츰 줄었어요. 덜 떨리니 내 생각을 전할 수 있었습니다. '나이답지 않게 생각이 깊다', '좋은 질문을 만든다'라는 칭찬에 우울을 잊었습니다.

2023년에는 두 개의 하브루타 1급 자격증을 취득했습니다. 2024년에는 하브루타 글쓰기 수업을 개강했고 공저를 출간하기도 했지요. 째깍째깍. 다시 제3의 시계가 움직였습니다.

그리고 지금, 이렇게 글을 쓰고 있네요. 그토록 바라던 삶입니다. 내일이 기다려지고 더 많은 것을 이룰 내 모습이 기대되고 나답게 빛나는 인생. 저는 그 꿈을 향해 걷고 있습니다.

저는 특별하거나 특출난 사람이 아닙니다. 지극히 평범할뿐더러 오히려 평균보다 조금 더 예민하고 유약한 사람이지요. 그래서 더 자신 있게 말할 수 있습니다. 제가 해낸 건 분명 여러분도 해내실 수 있습니다. 하고자 하는 마음만 있다면요.

매일 어제보다 한 걸음 더 나아가는 삶을 살고 싶으신가요? 내가 어디까지 해낼 수 있는지 궁금하지 않으신가요? 그렇다면 만나러 갑시다. 엉덩이를 딱 붙이고 앉읍시다. 두려움을 마주하고 무너진 마음을 다시 세우고 그러다 실패하고 또다시 세우며 견고해집시다. 누구보다 소중한 나를 위하여.

10분 마음처방전

토끼와 거북의 경주에서 거북이 이긴 이유는 무엇일까요?
바로 '생각의 깊이' 때문입니다. 토끼는 자기 자신이
빠르다는 걸 압니다. 느린 거북도 알지요. 그러나
결승점까지의 거리나 낮잠 시간은 계산해본 적 없습니다.
달리고 싶을 때 달리고 쉬고 싶을 때 쉬다가 졌지요.
하지만 거북은 다릅니다. 거북은 기분파인 토끼의 성향과
자신의 꾸준함을 알았습니다. 어쩌면 매번 같은 시간에
꾸벅꾸벅 조는 토끼를 관찰했을지도 모릅니다. 속도가
느리더라도 승산이 있다고 생각했겠지요. 거북은 이긴
것은 물론 다음 경주는 물에서 하자며 쐐기를 박았습니다.
여러분은 토끼와 거북 중 누구와 닮았나요? 왜 그렇게
생각하는지도 적어보세요.

당신은 질문 있는 사람인가요?

인생 단 한 번의
기회 앞에서

2010년, 서울에서 열린 G20 폐막 기자회견장에서 있었던 일입니다. 오바마 전(前) 대통령이 회견을 마치며 한 가지 제안을 했습니다.

"마지막은 개최국인 한국 기자분들에게 기회를 드리고 싶습니다. 질문하실 분 있나요?"

순간, 넓은 회견장이 정적으로 가득 찼습니다. 외신 기자들의 시선은 한국 기자단에게 쏠렸지요.

그러나 아무도 손을 들지 않았습니다. 오바마 전 대통령이 세 번이나 다시 물었지만 회견장은 잠잠했지요. 만약 여러분이 그 자리에 계셨다면 어땠을까요? 인생에 두 번은 없을 기회, 손을 들겠습니까?

당시 외신은 이를 두고 '충격적'이라는 반응이었습니다. 우리나라에서도 다큐멘터리 예화로 등장했지요. 사실 우리는 압니다. 살면서 수도 없이 보았던 장면이란 걸요. 예닐곱 살 아이들은 쉴 새 없이 질문합니다.

"해는 밤마다 어디로 가는 거예요? 하늘에는 눈 공장이 있나요? 하늘은 얼마나 높아요?"

그러나 자라면서 점점 책상 모서리를 응시합니다. 빨리 점심을 먹어야 해서, 틀릴까 봐 겁나서, 친구들이 싫어할까 봐 등 다양한 이유로 질문하지 않습니다. 그러다 더 이상 세상이 궁금하지 않은 청소년이 되면 손을 올리는 누군가에게 눈총을 주기도 하고요.

그리고 앞만 보며 달립니다. 오늘 해야 할 숙제, 다음 주에 치러야 하는 시험을 향해서요. 그렇게 대학에 가고 회사에 가고 때로는 해외여행도 가며 삽니다. 그러다 문득 깨닫지요. '이상하다. 매일 꽉꽉 채우며 살았는데 왜 이렇게 삶이 공허하지?', '뭘 위해서 이토록 열심히 살았던 거야?' 머리를 무언가에 쾅 얻어맞은 것처럼 일상이 멈춥니다. 매일 타던 지하철이 갑자기 숨 막히고 젖은 이불을 덮은 듯 온몸이 무거운 무기력, 우울, 번아웃이 찾아옵니다.

내 마음의
패턴 찾기

대부분의 사람들이 마음의 신호를 대수롭지 않게 여깁니다. '요즘 잠이 부족해서 그런가 봐', '며칠 힐링하고 오면 괜찮겠지'라며 넘기지요. 당연히 충분한 수면과 여행은 기분 전환에 도움이 됩니다. 하지만 근본적인 문제를 해결하지 않으면 얼마 지나지 않아 같은 상황을 마주합니다.

혹은 친구에게 하소연하거나 답답한 마음에 타로, 사주를 보러 가지요. 그러나 타인의 관점에서 나온 해결책은 나에게는 맞지 않을 뿐더러 그들은 그 선택과 결정에 어떠한 책임도 지지 않습니다.

좀 더 적극적인 방법도 있습니다. 전문가를 만나 심리상담이나 요가, 명상 등을 하며 내 마음을 들여다보는 것처럼요. 물론 좋은 방법입니다. 그러나 비용도 만만찮고 잘 맞는 곳을 찾는 게 쉽지 않아요. 적지 않은 시간이 필요하고요. 무엇보다 꾸준히 하기 어렵습니다.

여기, 돈과 시간을 아끼면서 내 마음을 고치는 방법이 있습니다. 바로 '내 마음에게 묻기'입니다. 중국 속담에 '질문하는 사람은 5분간 바보지만, 질문하지 않는 사람은 평생 바보다'라는 말이 있습니다. 나에게 질문하지 않는 사람은 평생 나에 대해 잘 모르는 바보로 사는 셈입니다.

질문을 거창한 일이라 생각지 마세요. 체중계 위에 올라가거나 수면 패턴을 확인하기 위해 팔찌를 착용하는 것처럼 간단한 겁니다. 갑자기 늘어난 체중을 보며 간식을 조절하거나 숙면을 위해 아로마를 곁에 두는 일처럼 내 마음에 적절한 방법을 찾는 과정이랍니다.

스트레스는 낮추고
행복은 높이고

어떤 일이든 그렇지만 질문과 글쓰기 역시 꾸준히 지속하는 것이 가장 중요합니다. 적어도 일주일에 세 번 이상 마음을 점검하고 내면의 목소리를 들어보세요. '지금 내 삶에서 감사한 일은 무엇일까?', '내가 느끼는 불안의 원인은 무엇일까?'처럼 가벼운 질문으로 시작하세요.

질문의 형태를 긍정적으로 만들면 더 좋습니다. 한 연구에서는 매일 긍정적인 질문을 하는 경우, 스트레스 수준이

현저히 낮아지고 행복감을 더 많이 느끼는 것으로 나타났습니다. 긍정의 단어를 곁에 두는 것만으로도 뇌가 긍정 회로를 돌리기 시작하는 셈입니다.

혁신의 대명사 일론 머스크(Elon Musk)는 매일 자신에게 질문을 던집니다. 그는 '나는 이 일을 왜 하고 있는가?', '나의 미션은 무엇인가?'와 같은 질문으로 자신의 방향성을 점검하고 세상을 바꾸는 큰 그림을 그렸습니다. 이렇듯 질문은 내 마음을 들여다보고 내 인생의 방향을 정한답니다.

10분 마음처방전

1. 아래의 질문에 1~5점으로 답하며 나의 감정을 점검해보세요.
   (1: 전혀 아니다, 5: 매우 그렇다)
   ① 오늘 하루 내 감정을 솔직하게 표현했다.
   ② 아침에 일어났을 때, 새로운 하루가 기대된다.
   ③ 스스로를 다정하게 대한다.
   ④ 내가 하는 일이 의미 있다고 느낀다.
   ⑤ 주변 사람들과의 관계가 나에게 에너지를 준다.
   ⑥ 실수했을 때, 나를 비난하지 않는다.
   ⑦ 누군가를 위해 진심 어린 관심과 애정을 표현한다.
   ⑧ 누군가의 시선보다 나의 기준이 더 중요하다.
   ⑨ 과거보다 현재가 더 중요하다.
   ⑩ 내가 통제할 수 없는 일에 너무 오래 집착하지 않는다.

2. 총점이 40점 이하라면, 부지런히 내 마음을 챙겨야 하는 시기입니다. 가장 점수가 낮은 세 개 항목을 고르세요. 그 항목을 개선하기 위해 내가 할 수 있는 습관을 각각 한 개씩 적으세요. 그리고 매일 아침 일어나자마자 스스로에게 말하세요. 예를 들면, "난 충분히 잘하고 있어. 가족들을 10초씩 안아주자. 나의 결정을 존중하자."처럼요.

상위 1% 성공한 사람들의 공통점

성공 확률을 높이는
아주 간단한 방법

참 희한한 일입니다. 같은 교실에서 공부했는데 성적이 차이 나고 같은 직장에 다니는데 자산이 차이납니다. 같은 나이에 누군가는 세계적인 성공을 거두고, 대부분은 평범한 삶을 살지요. 무엇이 그 차이를 만들까요?

미국 도미니칸 대학교의 게일 매튜스(Gail Matthews) 교수 연구진은 하버드대학교 경영대학원 졸업생을 세 그룹으로 나누었습니다. 그리고 그들에게 졸업 후 목표를 물었죠. 그룹1은 목표를 단순히 머릿속으로 생각했고, 그룹2는 목표를 글로 적었으며, 그룹3은 목표를 글로 적고 구체적인 실행 계획까지 작성했습니다.

결과는 놀라웠습니다. 목표를 글로 적었던 그룹2는 목표를 생각하기만 했던 그룹1보다 성공률이 무려 43% 높았습니다. 실행 계획까지 작성했던 그룹3의 성공률은 더욱 높았지요. 그리고 10년 후, 이들의 자산은 10배 이상 차이 났습니다. 그저 쓰는 습관의 유무로 말이죠.

좋은 질문이
좋은 삶을 이끈다

특히 유대인들은 질문과 글쓰기를 부와 지식을 쌓는 데 적극 활용합니다. 그들은 짝과 함께 질문하고 토론하며 논쟁하는 '하브루타(Havruta)'로 끊임없이 사고를 넓힙니다. 주로 《탈무드》를 마중물로 삼는데요. 처음에는 A의 입장, 다음에는 B의 입장에서 토론한 후, 생각을 정리해 글로 남깁니다. 《탈무드》의 마지막 장이 백지인 이유는 다양한 해석이 끝없이 추가되기 때문입니다.

하브루타는 금융, 법률, 의학, 학문 등 다양한 분야에서 유대인들이 두각을 나타내는 원동력입니다. 물리학자 아인슈타인(A. Einstein)은 "문제를 해결하려면 먼저 제대로 된 질문을 던져야 한다."라고 말했습니다.

실제로 아인슈타인의 연구 노트에는 수많은 질문과 가설이 기록되어 있지요. 그는 이를 바탕으로 상대성 이론을 발전시킬 수 있었습니다.

마이크로소프트의 창업자인 빌 게이츠(Bill Gates)는 1년에 두 번, 아무도 없는 외딴 오두막으로 떠납니다. 그곳에서 책을 읽고 생각을 정리하며 글을 쓰는 '생각 주간(Think Week)'을 갖지요. 실제로 그가 이 기간에 적었던 메모들은 마이크로소프트의 중요한 사업 방향을 결정하는 데 큰 영향을 미쳤습니다. 글을 통해 구체화한 생각을 실행 가능한 전략으로 바꾼 것이지요.

세계적인 투자자 워런 버핏 또한 글쓰기로 생각을 정리하고 투자 전략을 세웁니다. 그는 "명확하게 글을 쓸 수 없다면, 제대로 이해한 것이 아니다."라고 말하며, 매년 주주들에게 자신의 투자 원칙을 담은 편지를 직접 작성합니다. 그는 글쓰기 덕분에 감정적인 결정을 피하고 장기적인 전략을 세울 수 있었다 말하기도 했지요.

적은 만큼
바뀌는 삶

'도대체 하루가 어떻게 지나갔는지 모르겠네'라는 생각, 자주 하시나요? 바쁘게 살다 보면 나 자신을 돌아볼 시간조차 없지요. 잠시 분주한 일상을 멈추고 글을 써보세요. 불분명하게 떠다니던 생각이 정리되고 머릿속이 한결 맑아지는 걸 느낄 거예요.

처음에는 아무 말이나 끄적이세요. 오늘 있었던 일, 해결하고 싶은 문제, 막연한 감정을 쓰세요. 일단 적다 보면 글이 점점 구체적이고 명확해집니다. 예를 들어 '오늘 나를 웃게 만든 것은?'이라는 질문에 답을 적는다고 생각해보세요. 소소한 기쁨을 적는 동안 뭉툭했던 기억이 선명해지고 따뜻한 기운이 주위를 감쌉니다.

성공한 사람들의 또 다른 공통점은 '좋은 때를 기다리지 않는 것'입니다. 그들은 다음 주 월요일, 1일, 1월을 기다리지 않습니다. 지금 바로 실행하지요. 시작을 거창하게 생각하지 마세요. 부끄럽고 두려워도 일단 쓰세요. 아무거나 적어도 어제보다 한 계단 올라선 겁니다.

10분 마음처방전

주 1회, 한 주를 돌아보는 시간을 가지세요. 반성하거나 비판하는 시간은 아닙니다. 한 주간 작은 변화를 만든 나를 격려하고 점점 나아지는 나를 응원하는 시간입니다. 나를 부드럽게 바라보는 연습을 해보세요. 나를 돌아보는 질문을 예시로 남겨둘게요.

1. 이번 주에 내가 가장 잘한 일은?
2. 나 자신을 위해 한 좋은 일은?
3. 내가 겪은 어려운 일과 그로 인해 배운 점은?
4. 다음 주에 더 잘하고 싶은 일은?

행복해지려고 애쓰지 마세요

"지금,

행복하신가요?"

'지금 행복한가요?'라는 질문을 받자마자 무엇이 떠오르셨나요? 순간, 마음에 품었던 집이나 해외여행이 그려졌을지도 모르겠습니다. '돈 걱정 없이 사는 게 행복이다'라는 솔직함이 튀어나왔을지도요. 우리는 종종 행복을 먼 곳에서 찾으려 합니다. 더 좋은 직장, 더 큰 집, 더 많은 돈. 이런 조건들을 갖추면 행복할 거라고 믿습니다. 그래서 끝없는 목표를 세우지요. 스스로 채찍질하며 더 나은 내일을 위해 오늘을 희생합니다.

소라 씨는 승진하면 행복할 거라고 굳게 믿었습니다. 7년 동안 주 4일 이상 야근하며 회사에 헌신하느라 가족과 시간을 많이 보내지 못했죠. '요즘 개근거지라는 말도 있던데. 애들이랑 여행도 가고, 학원도 보내려면 지금 고생하는 게 낫지'라고 생각하며 모든 것을 뒤로 미뤘습니다. 드디어 소라 씨가 승진했지만, 가족들은 시큰둥했습니다. "승진하면 더 늦게 오겠네."라는 아들의 말에 소라 씨는 회의감이 듭니다.

미선 씨는 해외살이가 꿈이었습니다. 그래서 악착같이 돈을 모으고 시간을 쪼개 외국어 공부를 했지요. 5년 만에 꿈에 그리던 호주로 떠났습니다. 그러나 막상 가 보니 예상과는 너무도 달랐습니다. 생각보다 더 외로웠고 현실적인 문제들이 미선 씨를 짓눌렀지요. 매일 되돌아가고 싶다는 생각뿐입니다.

저도 같은 실수를 겪었습니다. 더 좋은 성적, 더 높은 연봉, 아이들을 위한 더 좋은 책, 더 좋은 옷. 끊임없이 무언가를 성취하고 소유하려 했어요. 그러면 행복해질 줄 알았죠. 큰 한방을 기다리느라 소소한 행복을 줄줄 흘리는 것도 모르고요.

항상 곁에 있는
소소한 행복

행복은 그리 멀리 있지 않습니다. 향긋한 페퍼민트 차 한 잔, 막춤 추는 아이를 보며 배꼽 빠지게 웃는 순간, 물감을 뿌린 듯 퍼지는 황홀한 노을을 떠올려보세요. 우리 주변에는 이미 수많은 행복이 있습니다. 다만 우리가 무심할 뿐이죠.

4월의 어느 날이었습니다. 헐레벌떡 아이들을 유치원에 들여보내고 무심하게 걷는데 갑자기 짙은 꽃향기가 코로 쑥 들어오더라고요. 깜짝 놀라서 두리번거리니 흐드러지게 핀 라일락이 눈에 들어왔습니다. 그 순간 지금까지 얼마나 많은 아름다움을 놓치고 살았는지 깨달았습니다. 한동안 아이들과 라일락 나무 밑에서 킁킁거리며 행복을 만끽했습니다.

주변을 꼼꼼히 보는 것만으로도 우리는 더 많은 행복을 발견할 수 있습니다. 나태주 시인의 말처럼 '자세히 보아야 예쁘고, 오래 보아야 사랑스러운' 것은 비단 풀꽃만이 아닙니다. 우리의 삶도 자세히 그리고 오래 들여다볼수록 더 행복하고 예쁘답니다.

행복을 찾는 쉬운 방법
관찰과 기록

어떻게 하면 '내 곁의 행복'을 더 잘 알아차릴 수 있을까요? 답은 관찰과 기록입니다. 행복은 보물찾기와 같습니다. 일부러 찾지 않으면 쉽게 지나쳐버리지요. 하지만 두 눈에 불을 켜고 꼼꼼히 훑다 보면 삶 군데군데 숨어 있는 보물을 발견할 수 있습니다.

잠들기 전, 오늘 하루 감사한 일 세 가지를 적어보세요. 정말 사소한 것도 좋습니다. 라디오에서 나온 노래 덕분에 기분이 좋아진 일, 예상치 못한 친구의 연락에 마음이 따뜻해진 일처럼요. 침대에 누워 아이가 속삭이는 사랑 고백이나 남편이 스치듯 건넨 '고맙다'는 말 한마디의 따스함도요. 사소한 순간을 적으면 우리의 일상에 행복이 매일 있다는 걸 깨닫습니다.

하루 중 가장 행복했던 순간을 긴 글로 적는 것도 좋습니다. 와인과 커피도 세 번에 나눠서 즐긴다지요. 눈으로 색을, 코로 향기를, 그리고 혀로 맛을 느끼면서요. 오늘의 행복을 글로 적으면 그 감정을 더 깊고 다양하게 곱씹을 수 있습니다. 이렇게 모인 기록은 힘든 시기에 큰 위로를 줍니다.

최화정 씨의 어머니는 그녀에게 늘 "허리를 쫙 펴고 입

꼬리를 쫙 올리면 세상에 못할 일이 없대."라고 말하셨다고 합니다. 우리가 매일 듣는 말, 바라보는 세상, 하루를 대하는 태도가 쌓여 인생을 만듭니다. 허리 쫙 펴고 눈을 크게 뜨고 이미 충분히 행복한 여러분의 삶을 찾으시길 바라요.

10분 마음처방전

지금 바로 실천할 수 있는 일상 속 행복을 찾는
다섯 가지 방법

1. 감사일기 쓰기
   오늘 하루 감사한 일 세 가지를 적어보세요. 꾸준히
   기록하면 삶이 점점 더 긍정적으로 변하는 것을 느낄
   수 있습니다.
2. 자연 속에서 5분 머물기
   공원이나 길가의 나무, 하늘을 천천히 감상하세요.
   머리가 맑아지고 호흡이 깊어집니다.
3. 좋아하는 음악 듣기
   음악은 감정을 환기시킵니다. 추억이 담긴 노래나
   기분을 경쾌하게 만드는 음악을 선곡하세요. 가슴이
   답답할 때는 락앤롤(Rock and Roll)!
4. 소중한 사람에게 연락하기
   내가 먼저 행복을 전해보세요. 전화 혹은 문자 모두
   좋습니다. 선물을 준비하는 마음처럼 행복을 전하는
   사람도 덩달아 행복해집니다.
5. 차 한 잔 천천히 음미하기
   따뜻한 찻잔을 감싸며 손부터 마음까지 이완해보세요.
   잠시 쉬어도 괜찮아요.

다시 글쓰기를 시작하는 당신에게

시합이
아니에요

우리는 매일매일 쳇바퀴 돌 듯 살아갑니다. '일상에서 벗어나 나만의 시간을 갖고, 머리도 식히고 싶다'라는 생각이 간절하지요. 하지만 손에 꽉 쥔 모래알처럼, 시간은 자꾸 어딘가로 새어 나갑니다. 그 와중에도 글을 쓰려는 여러분, 정말 대단합니다.

그렇지만 돈과 시간을 들여 글쓰기 수업을 듣는 분들조

차 첫 문장도 쓰지 못하는 경우가 허다합니다. 왜일까요? 저는 그 망설임의 뿌리에 '비교'가 있다고 봅니다. 학자들이 우리나라의 TV 보급률이 유독 빨리 올랐던 이유로 옥외 안테나를 꼽더군요. 누가 TV가 있는지 한눈에 보이니 "저 집은 있는데 왜 우리 집은 없냐."며 졸라댈 수 있었으니까요. TV 없이 옥외 안테나만 설치한 집도 있다고 합니다.

글쓰기도 마찬가지입니다. 누구에게 보일 글이 아닌데도 지레 겁을 먹지요. '내 글이 초라하면 어쩌지?', '이런 생각을 글로 써도 괜찮을까?' 스스로 검열할수록 시작은 더 어렵습니다. 글쓰기는 경주나 시합이 아닙니다. 남들의 기준으로 평가받는 일도 아니고요.

기세야, 기세

영화 〈기생충〉에서 기우는 말했습니다. "실전은 기세야, 기세!" 글쓰기도 마찬가지입니다. 멋진 문장이나 완벽한 구성은 접어두세요. 되거나 말거나 일단 기세로 밀고 나가 한 편을 완성해보세요. 그러면 단번에 두 가지를 얻습니다. '해냈다'는 짜릿한 성취감과 '이 정도면 내일도 할 수 있겠다'는 의욕, 이 두 가지를요.

자꾸 쓰다 보면 자연스레 더 잘 쓰고 싶다는 욕심이 생길 겁니다. 더 좋은 단어와 문장법을 찾아보고, 쓸거리가 없을 때는 주변을 열심히 관찰하거나 책을 읽겠지요. 어느덧 글쓰기가 스스로를 성장시키는 즐거운 과정이 될 겁니다.

예전에 신문에서 이런 글을 읽었습니다. 한 기업의 회장이 아들에게 '모닝똥 훈련'을 시켰다는 내용인데요. 중요한 회의나 이동 중에 갑작스럽게 찾아오는 변의에 당황하지 않도록, 매일 아침 화장실에 앉아 배변 훈련을 하라는 것이었지요. 처음에는 당연히 안 나올 겁니다. 하지만 매일 앉아서 힘을 주면 일주일 후에는 성공한다는 내용이었습니다.

글쓰기도 이와 같습니다. 쓰려는 마음을 갖고 일주일만 앉으면 그다음에는 분명 글이 나오기 시작할 거예요. 그래서 저는 수강생분들에게 말씀드리곤 합니다. "똥을 싸는 마음으로 딱 일주일만 써보세요. 그러면 쾌변의 시원함을 느끼실 거예요!"

막막함조차
나의 이야기

생각보다 많은 분들이 백지 공포증을 겪습니다. 흰 종이만 보면 머리가 하얗다더군요. 저도 이해합니다. 문예창작을 전공하고 하루에 한 편씩 글을 쓰는 저도 막막할 때가 있으니까요.

그럴 때는 스스로를 너무 다그치지 마세요. 그 막막함을 글로 풀어내세요. '오늘은 정말 글쓰기가 힘든 날이다', '나는 왜 이렇게 글쓰기가 어려울까?', '머릿속이 텅 비어 아무 생각도 나지 않는다'와 같은 문장으로 시작해도 좋습니다. 이렇게 시작하면 막혔던 이야기가 술술 풀릴 겁니다.

기억하세요. 우리의 목표는 노벨문학상이 아니라 꾸준한 글쓰기로 마음을 회복하는 일입니다. 일단 '주 3회 꾸준히 쓰기'를 지키세요. 수영을 잘하려면 수영장에 가야 하고, 귀가 트이려면 외국어를 자주 접해야 하듯 몸과 뇌가 글쓰기에 익숙해질 시간이 필요합니다.

이마저도 어렵다면 목표를 더 낮추세요. '일주일에 세 번 도서관 가기'는 어떤가요? 글을 쓰지 않아도 괜찮습니다. 책 읽는 사람들 속에 앉아만 있어도 좋아요. 열중하는 사람들의 기운을 받으면 어느새 '나도 뭔가 하고 싶다'는 마음이 생길 겁니다. '시작이 반이다'라는 말이 있지요. 여러분의 시작을 진심으로 응원합니다.

10분 마음처방전

글쓰기 습관을 만드는 데 도움이 되는 세 가지 방법을 소개합니다.

1. **글쓰기 '시작 신호' 만들기**
   '작가 마인드'를 장착하는 나만의 루틴을 만드세요. 저는 글쓰기 전, 책상 위에 놓인 화분에 분무를 합니다. 식물이 물을 머금는 것처럼, 활력을 충전하는 기분이 들거든요. 긴 글을 써야 하는 날은 클래식이나 재즈를 들으며 감성을 채웁니다. 이런 루틴이 뇌에게 '이제 글 쓰는 시간'이라는 신호를 보낼 거예요.
2. **'오늘의 목표' 정하기**
   도저히 안 써지는 날도 있습니다. 그럴 때는 전체를 다 쓰려고 하지 마세요. 오늘은 10줄만, 도입부만, 10분만. 이렇게 작은 목표를 세우세요. 작은 목표를 달성하고 만족감을 느끼는 습관을 만드세요.
3. **'짧아도 집중'하기**
   짧은 시간도 괜찮습니다. 그 시간만큼은 온전히 집중하려 노력하세요. 스마트폰은 멀리 두고, 혼자만의 시간을 가지세요. 1분, 3분, 몰입의 시간이 길어질수록 점점 글의 재미에 푹 빠지실 거예요.

2.

나라는 거울 속으로

거울 앞의 나는 어떤 표정을 짓고 있나요?

우울증은 당신이 약하다는 증거가 아니라
너무 오랜 기간 동안 강하려고만 애써왔기 때문일 수도 있어요.
-나종호,《만일 내가 그때 내 말을 들어줬더라면》

내 인생에서
사라진 것들

"엄마, 내가 집에 들어갔는데 집 안이 텅 빈 거야. 도둑이 들어온 줄 알고…. 다감아, 그거 언니가 만든 거야. 쓰러뜨리면 안 돼! 쓰러뜨리지 말라고! 하지 마! 엄마!"

"다감이가 내 블록 다 무너뜨렸어!"

오늘도 하루가 응급실 같습니다. 위기의 순간, 긴장의 연속. 이렇게 사는 동안 없어진 습관들이 있습니다. 옷에 대한 고민, 천천히 음미하는 식사, 그리고 거울 보기. 출근할 때는 속눈썹을 한 올 한 올 올리거나 곧 터질 것 같은 만삭의 배를 들여다보느라 매일 거울 앞에서 지냈는데요.

출산 이후 거울을 멀리했습니다. 대머리독수리처럼 우수수 빠져버린 머리와 술 취한 아저씨처럼 붉게 올라온 얼굴을 쳐다보고 싶지 않았습니다. 거울 속의 모습이 진짜 나라고 믿기 싫었거든요.

거울을 보지 않는 것처럼 제 마음도 외면했습니다. 불안하고 힘들 때마다 '이게 뭐 별일인가. 조금만 더 참으면 괜찮아질 거야'라며 무시했어요. 어느덧 불안은 쿵쿵- 주먹으로 가슴을 두드리기 시작했고 점점 쿵쾅거리는 심장 소리가 고막을 가득 채웠습니다. 일상생활이 힘들어졌지요. 고개를 숙일 때마다 심장이 우르르 밖으로 쏟아질 것만 같았습니다.

있는 그대로의 나

예일대학교 정신의학과 나종호 교수는 '인생의 트레드밀' 위에서 헉헉거리면서 살아왔음을 고백합니다. 잠시라도 한눈팔면 나를 제치고 앞으로 나아갈 똑똑한 친구들과 입시 전쟁을 치르는 일은 고독한 수행이었을 겁니다. 잠깐 내려올 수도 잠시 쉬었다 뛸 수도 없었겠지요.

그가 기꺼이 풀어 놓은 취약한 시절을 들으니 마음이 편해졌습니다. 제 모습과 다르지 않았거든요. 우리 사회는 끊임없이 강한 모습을 요구합니다. 조금이라도 힘든 티를 내면 나약한 사람이라 치부하고 이를 악물고 꿋꿋해야 '근성이 있다'라고 인정받지요. 그래서 자신의 약한 모습을 숨기고 고통을 외면합니다.

여러분은 어떠신가요? 외면했던 감정이 쌓여 스스로를 지치게 만드는 악순환을 겪어본 적 있으신가요? 당연한 말이지만, 이 세상에 완벽한 사람은 없습니다. 우리의 지식을 평가하는 '시험'이라는 제도나 우리의 생활에 필요한 '법'에도 허점이 있지요. 자연은 또 어떤가요? 예측하기 힘들 정도로 제멋대로입니다.

그러니 세상의 기준으로 100점짜리 사람이 되려고 노력하기보다는 내 마음의 소리를 듣는 것이 먼저입니다. 완벽한 잣대로 나를 평가하지 말고 그냥 '있는 그대로의 나'를 바라보세요. 불안, 두려움, 무력감 등 조금은 불편한 감정도 인정하고요. "누구나 아플 자격이 있다."라는 나종호 교수님의 말처럼 자신의 아픔을 돌보는 건 전혀 부끄러운 일이 아닙니다.

나의 깊은
마음속으로

　내 감정을 처음 들여다볼 때, 가장 당황스러운 일이 있습니다. 바로 감정을 표현하는 단어가 너무 적다는 점이지요. '좋다, 나쁘다, 기쁘다, 속상하다, 행복하다, 힘들다'처럼 뻔한 단어들로 비슷한 글만 쓰는 분도 많습니다. 특히 어머니나 할머니, 직장인 등 비슷한 일상을 오래 살아오신 분들일수록 감정 표현의 폭이 좁습니다.

　그러나 병원에서 고통의 정도를 1부터 10까지 단계별로 구분하는 것처럼 일상의 감정에도 분명 차이가 있습니다. 마트에서 거스름돈을 1,000원이나 적게 받은 속상함과 인생의 방향을 놓친 속상함이 같을 수는 없으니까요. 감정을 세분화해서 쓰는 연습을 해보세요. 예를 들어 상처를 받았을 때는 '슬프다, 실망스럽다, 안타깝다, 부끄럽다, 서운하다' 등의 단어가 있겠지요. 감정 표현을 정확하게 하면 내가 인식하지 못했던 마음을 찾을 수 있습니다.

　그다음에는 꼬리 질문으로 마음 깊숙이 들어가보세요. 예를 들어 아침에 '내가 불안한 이유는 무엇일까?'라는 질문을 했다면, 일상 틈틈이 질문을 연결하는 거지요. '예전에도 같은 감정을 느낀 적이 있었나?', '불안함을 느낀 상황들의 공통점은 무엇이지?', '내가 어떻게 할 때, 긍정적인 결과로 이어졌었나?', '지금 내가 적용할 수 있는 방법은?'처럼요. 생각이 깊어질수록 무르익은 답을 찾을 수 있을 겁니다.

10분 마음처방전

거울 앞에서 나의 표정을 바라보세요. 눈매와 입꼬리, 눈동자의 초점, 얼굴이 기울어진 각도 등을 꼼꼼히 바라봅니다. 감정을 담지 않도록 노력하세요. 타인의 얼굴인 듯 객관적으로 바라봅니다. 그리고 표정의 이름을 짓고 왜 그런 표정을 짓게 되었는지 떠올려봅니다. 지금의 내 모습은 과거의 선택과 습관이 만든 것임을 기억하세요.

정말 열심히만 살면 행복해지나요?

당신은 자기가 잘되기를 바라는 마음이 있습니까?
–문요한,《나는 왜 나를 함부로 대할까》

겨울 바람보다
더 추웠던 건

 네다섯 살 무렵, 추운 겨울날 얇은 내복만 입고 현관문 밖에 서 있던 기억이 납니다. 볼록한 유리 너머로 엄마의 잔상이 점점 멀어지는 게 보였지요.
 "엄마, 들어가게 해주세요. 엄마, 잘못했어요."
 너무 추워서 눈물도 나오지 않았습니다. 고양이는 잠시 나를 쳐다보다가 가던 길을 마저 갔습니다. 발톱 사이에서 피가 날 듯했습니다. 치아끼리 달달 부딪고 온몸이 흔들리기 시작했을 때, 한기보다 더 차가운 목소리가 들렸습니다.

"들어와. 몇 살인데 야쿠르트 하나를 제대로 못 마셔? 한 번만 더 그러면 그땐 진짜 얼어 죽을 줄 알아."

비척거리는 걸음으로 엄마를 따라 들어와 따뜻한 이불로 들어가자 졸음이 몰려왔습니다. 엄마가 통화하는 소리가 들렸습니다.

"한바탕 예지를 혼냈어. 기껏 목욕하고 왔는데 야쿠르트를 마시다가 다 쏟잖아. 빨리 마셔야지 느려터져서는."

엄마의 말소리가 들렸다가 사라졌다가 이내 까무룩 잠이 들었습니다.

**나를 용서할
수가 없어**

대학생 때부터 점점 사소한 실수조차 용납하기 힘들었습니다. 특히 발표에 관련해서는 더 심각했는데요. 말을 버벅거리기라도 하면 며칠 동안 그 장면에서 벗어나지 못했습니다. '나는 형편없어'라는 목소리가 계속 저를 따라다녔어요. 다른 사람의 실수에는 너그러우면서도요.

제 마음 밑바닥에는 어릴 적부터 들었던 엄마의 평가가

깔려 있었습니다. 엄마는 수시로 자고 있던 저를 깨웠습니다. 그리고 공책이나 문제집을 내던졌죠. '네가 제대로 하는 게 뭐야?', '너 때문에 내가 이 고생을 하는데' 엄마의 비난 속에서 틀린 문제를 지우고 고쳤지만 마음의 상처는 아무리 애를 써도 지울 수가 없었습니다.

청소년기 내내 고민했습니다. 나는 이 세상에서 살아갈 가치가 있는 사람인가에 대하여, 나는 왜 매번 틀린 답만 들고 있는 사람인가에 대하여 생각하고 또 생각했습니다. 다행히 god의 노래와 신경림의 시에 마음을 기대 살았지만 작은 실수에도 허무하게 무너질 만큼 자존감이 낮았습니다. '어쩌면 나는 존재 자체가 잘못되었을지도 몰라'라는 원초적 수치심이 온몸을 돌아다녔지요.

여기에 더해 심리적 왜곡에 빠졌습니다. 하나의 실수가 마치 인생 전체의 실패인 것처럼 여기는 일반화, 지금의 어려움이 평생 지속될 것처럼 믿는 영속화, 모든 문제를 모두 내 탓으로 돌리는 개인화. 그렇게 스스로를 한겨울 현관 밖에 세워두었습니다.

열심히
너무도 열심히

자신에게 가혹할수록 여러 문제가 찾아왔습니다. 첫 번째 문제는 완벽주의였습니다. 졸업 논문 발표 2주 전부터 대본이 너덜너덜해지도록 외우고, 올A+를 위해 앉은뱅이 책상 아래서 잠을 청했습니다. 불편해야 조금만 잘 수 있으니까요.

이런 모습을 사람들은 '대단한 노력'이라고 말하지만 사실 완벽주의는 자기혐오와 같습니다. '지금의 나는 부족하다'는 전제를 깔고 있기 때문이지요.

두 번째 문제는 인간관계였습니다. 늘 예민하고 날이 서 있다 보니 마음을 나누는 친구가 손에 꼽았습니다. 행여 상처를 주고받을까 봐 일정 거리를 유지했고, 아주 가까운 친구에게도 가족에 대해서는 말을 아꼈습니다.

세 번째는 고립감입니다. '왜 나는 보통 사람과 다르게 살까?', '남들에게는 쉬운 일인데 나는 왜 이렇게 어렵지?'와 같은 생각이 자주 들었습니다. 보통의 사람들 속에 자연스럽게 섞일 수 없다는 느낌에 때때로 온 세상을 짊어진 듯 무거웠습니다.

하지만 사실 이런 고립감과 고통은 누구에게나 존재합니다. 글쓰기 수업에서 만난 선생님들, 인터뷰를 통해 만난 분들 모두 저마다의 우여곡절을 겪었습니다. 그러니 나를 재단하며 평가하는 대신 두 팔을 벌려 안아주세요. 그리고 속삭여주세요.

"괜찮아. 야쿠르트는 닦으면 돼. 이것 좀 흘렸다고 네가 형편없는 사람인 건 아니야."

"틀려도 괜찮아. 잘하지 않아도 너는 자라고 있잖니."

10분 마음처방전

나 자신이 가장 미웠던 순간을 떠올려보세요. 그 순간 나는 어떤 표정으로 있었는지, 솔직한 마음은 어땠는지 구체적으로 생각해보세요. 그때 내가 가장 듣고 싶었던 말은 무엇인가요? 누군가 나처럼 힘들어한다면 그 사람에게 어떤 말을 해주고 싶나요? 이 질문들에 간단히 답을 적은 후, 나에게 짧은 편지를 써보세요.

가장 중요한 단어는 무엇인가요?

이 세상에 중요한 가치가 많지만, 그중에서도 자존이
제일 기본이라고 생각해. 스스로를 존중하는 마음, 이게 있으면
어떤 상황에 처해도 행복할 수 있지 않을까?
-박웅현,《여덟 단어》

나에게 주고 싶은
세 가지

   5초 동안 지금 나에게 가장 중요한 단어 세 개를 말해보세요. 하나, 둘… 다섯. 다 생각하셨나요? 잊어버리기 십상이니 생각한 단어들은 책의 여백이나 스마트폰 메모장 등에 적어두세요.

   저는 '나, 시간, 균형' 이렇게 세 개의 단어를 골랐습니다. 첫 번째 단어는 '나'입니다. 저는 혼자만의 시간이 중요

한 사람입니다. 초등학생 시절부터 속상한 일이 있을 때, 책 한 권 들고 침대에 올라가 몇 시간 푹 빠져서 읽으면 기분이 나아졌고요. 직장인이 되고 가장 먼저 한 일은 매달 돈을 모아 혼자 외국 여행을 떠나는 일이었어요. 로밍도 하지 않고 철저히 고립의 시간을 보냈습니다. 그러니까 육아가 버거웠던 건 엄마의 시간만 되풀이되었기 때문이었던 셈이죠.

그 사실을 깨달은 뒤로 두 번째 단어인 '시간'을 만들기 위해 참 많이 애썼습니다. 혼자만의 시간이요. 부스러기 같은 일분일초를 모아 달뜬 마음의 온도를 낮추고 숨 가쁜 삶의 속도를 늦췄습니다. 저의 시간을 만드는 동안 가족들도 힘을 보탰습니다. 만 세 살인 둘째도 신발장을 정리하고 쌀을 씻으며 저녁 준비를 도왔지요. 그러다 보니 어느 순간 세 번째 단어인 '균형'이 맞더군요. 노동과 행복의 균형. 아이들이 크고 나도 자라는 균형 말이에요.

그중
가장 처음은

이런 저를 보며 엄마는 쯧쯧 혀를 찹니다.
"꼭 그렇게 유난을 떨어야겠니? 그냥 애들이나 잘 키우면 되지."

기꺼이 아이들에게 헌신하지 못하는 저를, 한때는 저조차도 한심하게 여겼어요. 박웅현 작가의 《여덟 단어》를 읽기 전까지는요. 인생을 이야기하는 여덟 개의 단어 중 가장 먼저 '자존(自尊)'을 꼽아준 그에게 고마웠습니다. 찾아가 끌어안고 광광 울고 싶을 정도로요.

저에게 육아는 주문한 적도 없는데 배달된 택배였습니다. '30대, 여자, 출산'이라는 규격 상자에 몸을 구겨 넣은 것 같았지요. 그랬던 저에게 어느 날 그가 찾아와 지이익- 테이프를 뜯으며 말했습니다.

"거기서 뭐 하고 있어? 얼른 나와. 아직도 네 인생은 해가 중천이야."

물론 상자가 열리고 자유를 얻어도 바로 다시 멋지게 살 수는 없습니다. 드라마 〈무빙〉 속 '림재석'처럼요. 그는 빛이 전혀 들어오지 않는 요덕 수용소의 동굴 감방에서 살았습니다. 그 안에서 바퀴벌레를 잡다가 충격파 초능력을 얻었지요. 드디어 그 능력을 제대로 사용할 수 있는 기회가 오자 그는 수용소 밖으로 나옵니다. 그러나 그는 여전히 자동차 좌석보다 트렁크에 타고 이동하는 게 더 편합니다. 습관이란, 참 무섭죠.

생각의 스트레칭

무엇보다 평소 나를 잘 관찰하며 파악하는 게 중요합니다. 글쓰기 수업 개강 때마다 저는 이런 질문을 던집니다. '오늘 나의 하루를 날씨로 설명한다면?', '지금 나의 열정은 10점 만점에 몇 점인가요?', '내 인생에 중요한 단어 세 개는 무엇인가요?' 등이에요. 그러면 처음 수강하시는 분들은 대부분 이렇게 말하십니다.

"선생님, 그런 건 한 번도 생각해본 적 없어요."

당연히 쉽지 않으시겠지요. 하지만 우리가 매일 의자에 앉는 습관에 따라 점차 척추의 근육과 뼈가 달라지는 것처럼 우리의 생각과 습관이 삶을 만듭니다. 근육의 움직임을 보완하기 위해 스트레칭을 하듯 자꾸 나를 향한 질문으로 생각의 문을 열어보세요.

물론 갑자기 유려하게 글을 쓸 수는 없습니다. 처음에는 단어부터 시작하세요. 각각의 단어로 한 문장을 적어보거나 세 개의 단어를 넣은 한 문장을 적고요. 단어에 얽힌 이야기나 생각으로 살을 붙이다 보면 점점 글의 양이 늘어날 거예요. 그러니 '나는 글을 못 쓰는 사람이야'라고 속단하지 마세요. 여러분의 인생은 아직 해가 중천이니까요.

10분 마음처방전

내 인생에 가장 중요한 단어 세 개, 적어놓으셨지요? 이제 그 단어를 다시 꺼냅시다. 그 단어가 왜 중요한가요? 평소에 내가 자주 사용하는 단어이거나 무의식적으로 내가 나아가고자 하는 방향, 혹은 요즘 가장 고민하는 부분일 수도 있습니다. 그 단어에 얽힌 감정과 느낌을 담담히 적어보세요. '발견'은 생각해본 적 없는 방향으로 나아가는 것에서 시작합니다.

어떤 선택을 했든 어떤 삶을 살든

한 사람의 힘이 그렇게 강력한 것은
한 사람이 한 우주라서 그럴 것이다.
-정혜신,《당신이 옳다》

내 인생
대체 왜 이 모양이야

지난 몇 주간, 매일 마지막 한 방울까지 나를 쥐어 짜냈습니다. 야심 찬 프로젝트를 준비했거든요. 기필코 잘 해내고 싶어 온 힘을 다했는데 결과는 처참했습니다. '그동안 뭘 한 거지? 사실은 능력도 재능도 없었던 거 아냐?' 온갖 생각에 눈물이 줄줄 흘렀습니다.

좀처럼 속마음을 내비치지 않는 성향인데 그날은 감정

을 주체하기 힘들었어요. 함께 글을 쓰는 선생님들께 고민을 털어놓았지요.

"저도 강의 들었는데, 내용이 정말 좋았어요. 시간이 쌓일 때까지 조금만 힘내세요."

따뜻한 위로 뒤로 그들의 이야기가 이어졌습니다.

"푹 잔 게 언제인지 기억도 나지 않을 만큼 열심히 사는데 뚜렷한 성과가 없어요. 좀처럼 스트레스를 받지 않는 성격인데 며칠 전에는 정말 오랜만에 심하게 앓았어요."

"저도요. 모두가 다르다는 걸 알면서도 쭉쭉 성장하는 동료를 보니 괴롭더라고요. 터널을 지나는 시간이라 생각해요, 우리 같이 이겨내요."

'왜 이렇게 제대로 되는 게 없지', '나만 이렇게 사는 걸까' 묵었던 감정을 꺼내 갓 태어난 강아지 새끼들처럼 헐벗은 모습으로 옹기종기 붙었습니다. 서로의 온기가 닿자 다시 마음의 온도가 올라갑니다.

사람이 가장 깊이
무너지는 순간은

'성실과 책임'만큼 한국인을 대표하는 단어가 있을까요? 직장인은 수당이 없어도 야근하고, 많은 학생은 '대학

입학'이라는 책임을 위해 학원으로 향합니다. 요즘은 초등학교 1학년도 예닐곱 개의 학원을 다니는 경우가 흔하니 성실이야말로 K-소울 같습니다.

그런데 숙제를 챙기고, 집안일을 챙기고, 영양제를 챙기는 동안 '나'도 성실하게 챙기고 계시나요? 시간을 내서 내 마음의 균열을 살피고 빈틈을 메우시는지요. 정혜신 작가는 '사람은 마음에 배신당했다고 느낄 때 가장 깊게 무너진다'라고 말합니다.

여기서 '배신'의 상대는 타인이 아닙니다. 내가 내 마음을 무시하고 외면하는 것을 뜻합니다. 그 누구보다 성실한 우리는 정작 나 자신에게는 무책임할 때가 많습니다. 그리고 그 결과는 분노와 무기력, 공허함으로 병든 내 마음입니다. 우리는 왜 이토록 나에게 냉담한 걸까요?

괜찮아,

괜찮아?

놀이터에서 뛰어놀던 아이가 꽈당 넘어지자 엄마가 다가가며 말합니다.

"괜찮아. 툭툭 털고 일어나."

할머님들도 말을 보태지요.

"울지도 않고 씩씩하네. 괜찮다. 놀다 보면 넘어질 수도 있는 게야."

울먹이던 아이는 그렁그렁한 눈으로 주위 사람들을 관찰합니다. 그리고 결심한 듯 뒤돌아 놀이터로 뛰어가지요. 소매로 눈물을 스윽 훔치면서요.

그런데 정말 그 정도는 아파도 괜찮나요? 피가 나지 않으면 별일 아닌가요? 이 말들은 겉보기에는 위로 같지만 속을 들여다보면 감정을 억압하는 명령입니다. 울면 나약하고 참으면 씩씩한 사람이라는 선입견이 차곡차곡 쌓이는 셈이지요. 이런 시간이 쌓이면 마음을 털어놓고 싶어도 나조차 내 감정을 제대로 알지 못합니다.

가장 단순한 변화부터 시작해보세요. 나 혹은 타인의 감정에 '괜찮아'라는 단정 대신 '괜찮아?'라고 묻는 겁니다. 그리고 들어주세요. 상황과 이유, 그래서 생긴 마음에 공감하면서요.

'그럴 수도 있겠다', '그랬구나'라는 말로 인정하는 것만으로도 한결 마음이 후련합니다. 공감은 누구나 일상에서 활용할 수 있는 심리 치료의 '집밥'입니다.

저는 집 안을 정리할 때 '하나씩 끼리끼리' 방법을 이용합니다. 가장 먼저 부피가 큰 책을 꽂고, 작은 블록을 종류별로 나눠 통에 담은 뒤 남은 부스러기를 모아 쓰레기통에

버리는 거지요.

감정 정리도 이처럼 단계가 필요합니다. 두서없이 쏟아낸 감정을 종류별로 모으고 정리해보세요. 깨끗해진 거실처럼 후련한 보람을 느끼실 거예요.

10분 마음처방전

내 마음에 들어 있는 감정은 무엇인가요? 우울이나 예민, 분노 등 떠오르는 감정을 마구잡이로 적어보세요. 그다음 적은 것들을 분류해보세요. 순간적인 감정인지, 이전부터 쌓인 것인지, 정확한 상황은 무엇인지. 내가 한 행동을 객관적으로 보면 어떤지를 들여다보세요. 감정에는 아무 잘못이 없지만 그로 인한 행동까지 정당한 건 아닙니다.

예)
순간적으로 느낀 감정: 남편에 대한 화
진짜 마음의 신호: 서운함. 약 20일 동안 피비침이 지속되어 걱정하다 병원에 다녀왔는데 남편은 아무것도 묻지 않고 무신경했다.
감정의 인정: 지난해 유산을 겪고 자궁근종도 있어 잠을 설칠 정도로 걱정했어. 서운할 만했지.
행동 평가: 남편에게 날카롭게 말한 건 잘못이야. 그도 매일 야근이라 정신이 없었을 수 있어. 주말에 서로 여유가 있을 때 말했다면 더 좋았을 것 같다.

마음속에 시가 있나요?

나는 풀잎 하나가 별들의 여행만큼이나 위대하다고 믿는다.
(I believe a leaf of grass is no less than the journey-work of the stars.)
-월트 휘트먼, 《풀잎》

한 송이 장미를

종이에 곱게 싸서

며칠 전부터 학교 담장 위에 장미가 흐드러지게 피기 시작했습니다.

"엄마, 저 꽃 이름이 뭔 줄 알아요? 장미에요, 들장미. 보람반 선생님이 알려주셨어요."

첫째 다정이의 말에 《들장미 소녀 캔디》가 떠올라 "나~는 장미로 피어난 오스칼" 노래를 흥얼거립니다.

흥얼거리는 내 옆으로 할아버지 한 분이 느린 걸음을 멈추시더니 주섬주섬 스마트폰을 꺼내 장미 사진을 찍으십니다. 장미 덩굴 밑에서 스트레칭을 하며 한참 꽃을 바라보는 아주머니와 "빨간색, 예쁘다. 가시 있어. 만지면 아파."라며 서너 살 아이들이 아기 새처럼 지지배배 이야기합니다.

장미꽃을 보며 누군가 혹은 단어가 떠오른 순간, 우리는 모두 시인입니다. 흔히 시를 쓰는 건 특별한 사람만 할 수 있다고 생각합니다. 국어 교과서에 실린 유명 작품이나 다소 난해한 비유와 상징을 보고 자란 탓에 시는 어렵다 느끼지요. 어쩐지 나같이 평범한 사람은 시와는 전혀 상관없을 것 같고요.

하지만 시는 늘 우리 곁에 있었습니다. 노트 한 구석에 적어보던 좋아하는 사람의 이름, 익숙한 노래가 들리면 나지막이 묻던 안부, 장미꽃 한 송이를 들고 걷던 설렘, 부모님의 뒷모습에 울컥 올라온 눈물. 이 모든 것들이 바로 내 안에 존재하는 '시인의 목소리'입니다.

나를 바라보는

고요한 순간

살면서 우리는 다양한 감정을 겪습니다. 친밀했던 사람

과 멀어지고, 평범하던 일상이 무너지고, 생각지 못한 일들이 벌어지지요. 이런 순간 앞에서 여러분은 어떻게 하시나요? 아마 가장 먼저 당장 내가 해야 하는 일을 찾아 해결할 겁니다. 쏟아진 물을 황급히 치우듯 말이지요. 그다음은 누군가를 챙기고 다독이겠지요.

그 사이 내 감정은 방치되곤 합니다. 허둥지둥 나가느라 미처 끄지 못한 전등처럼요. 그렇게 하나둘. 내 삶에 불이 켜진 채로 지낸다고 생각해보세요. 백야 지대의 사람들이 겪는 문제가 내게도 찾아올 겁니다. 너무 환해서 깊이 잠들 수 없고, 지금이 몇 시인지 감도 잡기 힘들고, 신경이 예민해지겠지요. 불을 꺼야 합니다. 나를 고요와 어둠 속으로 데리고 가야 해요.

일상 속 고요의 순간을 찾아보세요. 분주한 하루를 시작하기 전이나 점심을 먹고 난 후, 모두가 잠든 밤처럼요. 꼭 혼자만의 시간일 필요는 없습니다. 지하철을 타고 이동하는 시간, 횡단보도 앞에서 기다리는 시간도 괜찮습니다. 의식적으로 나에게만 집중해보세요.

'설거지 명상법'을 아시나요? 설거지처럼 단순한 일을 하는 동안 온전히 그 일에만 몰입하며 뇌를 식히는 방법입니다. 생각을 비우려고 노력할 때 오히려 내가 하는 생각들을 생생하게 알 수 있습니다. 떠오르는 생각을 천천히 복기

하고 필요 정도를 구분해 서랍이나 휴지통에 넣으세요. 당신의 삶에 불필요한 불을 끄고 편해질 수 있도록.

모든 인간에게서
시(詩)를 본다

마더 테레사 수녀가 '모든 인간에게서 신을 본다'라고 했듯이, 정호승 시인은 '모든 인간에게서 시(詩)를 본다'라는 말을 했습니다. 다시 말해 일상다반사에 시의 소재가 있다는 뜻이지요.

또한 그는 '시란, 자기 자신과 한 시대를 이루는 인간을 이해하고 알아가는 과정'이라고 말합니다. 시를 천천히 음미해본 사람은 압니다. 시를 써본 사람은 더더욱 잘 압니다. 시인의 시선은 섬세하고 꼼꼼하다는 것을요. 떨어진 나뭇잎을 바라보다 그 아래의 흙과 흙 속의 씨앗까지 바라보는 이가 시인입니다.

마음에 시를 품는 건 결코 어려운 일은 아닙니다. 나와 내 주변을 찬찬히 살피고 그 안 깊숙이 들어가 의미를 깨닫고 더하면 그뿐이지요. 필요한 건 시간입니다. 무서리 내리는 몇 밤, 땡볕 두어 달, 초승달 몇 날을 안에 품어야 익을 수 있으니까요.

하루에 1분, 3분이라도 시인의 눈으로 온전히 세상을 바라보세요. 엄마, 아내, 딸이 아니라 시인의 시간을 잠시 갖는 것만으로도 좀 더 그럴싸한 하루를 보낼 수 있습니다. 마음에 꽃 한 송이를 품은 것처럼 콧노래를 흥얼거릴지도 모르지요.

10분 마음처방전

내가 가장 좋아하는 시는 무엇인가요? 교과서나 노래 가사로 접했거나, 동경하던 어떤 이를 통해 알게 된 시가 있었나요? 어렴풋하게 기억에 남아 있지만 전문을 알 수 없는 시가 있다면 이번 기회에 한번 찾아보세요. 그 시를 처음 접했을 때의 기억과 지금 다시 읽었을 때 느낌과 해석이 어떻게 달라졌는지 적어보세요.

두려움이 파도처럼 밀려올 때

인간은 울림이다.
우리는 주변에 존재하는 수많은 떨림에 울림으로 반응한다.
-김상욱,《떨림과 울림》

그래도
중간은 해야지

첫째가 유치원 졸업반이 되자 같은 유치원 엄마들 사이에서 이런 대화가 오갑니다.

"한글은 읽고 쓸 줄 알아요? 연산이랑 파닉스도 어느 정도는 익히고 초등학교 입학해야 한다던데…"

"저희 시어머님이 여태 한글도 못 읽는다고 저를 타박하시더라고요. 그런데 우리 아이는 전혀 배울 생각이 없어 걱정이에요."

역시 세계가 주목할 만한 교육열의 나라답습니다. 우리나라 학생들은 참 똑똑하지요. 다른 나라였다면 깜짝 놀랄 만한 수치인 IQ 120인 사람도 흔하고 국제학업성취도평가(PISA)에서도 내내 최상위권을 유지합니다. 전 세계에서 가장 대학 진학률이 높은 나라도 바로 대한민국입니다. 교육의 상향표준화 속에서 우리는 암묵적으로 '아무리 그래도 중간은 가야지'라는 인식이 있습니다. 뒤처지는 건 용납할 수 없지요.

대학 입시를 위한 전략은 평균 점수를 높이는 것이 가장 효과적입니다. 예를 들어 98점인 과목을 100점으로 만드는 것보다 40점인 과목을 70점으로 높이는 게 시간 대비 효율이 더 좋으니까요. 그래서 우리나라 엄마들은 아이가 잘하는 부분보다 부족한 부분을 채우는 데 초점을 두곤 합니다.

저도 같은 환경에서 자랐습니다. 각종 글쓰기 대회에서 받아오는 상장은 점점 당연시되고, 깊은 미궁 속으로 빠져드는 듯했던 수학 때문에 많이 혼났어요. 특히 '수학 머리가 없다'는 엄마의 판단이 낙인처럼 뇌에 박혔습니다. 점점 수학 앞에서 주눅이 들고 어차피 해도 안 될 거라며 포기하기에 이르렀어요.

나는 정말 수학이 싫을까?

살면서 내내 수학 앞에서 소극적이었습니다. 방사선과에 다니며 전기공학, 기기학, 계측학, 방사선 치료학 등 이과 수업을 들을 때마다 지레 겁을 먹었어요. 어려운 문제를 동기에게 물어볼 때면 "내가 수포자라서 그런지…."라는 말로 미리 양해를 구했습니다. 답을 맞히고도 몇 번이나 다시 푸느라 늘 시험 시간은 부족했고요.

그런데 아이들을 키우며 의외의 모습을 발견했습니다. 교구나 사물로 아이들과 수학 이야기를 하는 게 참 재미있더라고요. 아이들이 이해하기 어려운 추상적인 개념은 테이프나 종이를 오려가며 뚝딱뚝딱 알기 쉽게 설명하고, 제가 모르는 부분은 강의를 찾아서 들을 정도로 흥미로웠습니다.

제가 주로 듣는 유튜브 목록에는 뇌과학이나 물리학도 꽤 많습니다. 평생 '나는 뼛속부터 문과생이라 이과는 젬병이야'라는 명제를 철석같이 믿고 살았는데 말입니다. 김상욱 교수는 양자역학의 원리처럼 어떤 존재를 관찰할수록 원래 모습이 아닌 관찰된 모습으로 변한다고 말합니다. '그대로의 나'가 아니라 '그들이 관찰한 나'에 갇힐 수도 있다는 뜻이지요. 오직 나만의 고유한 배열을 잃으면 두려움이 생기기 시작합니다.

자주 두려움에 노출되면 공명을 잊은 채 삽니다. '공명'이란 두 개체가 주파수를 맞추며 생기는 울림으로, 우주가 움직이는 원리입니다.

그러나 내가 가진 주파수를 잃어버리면 세상에 나의 떨림을 전할 수 없지요. 내가 나의 주파수를 제대로 알았다면 어땠을까요? 라디오 주파수를 맞추듯 가장 신호가 강한 '글쓰기'에 더 초점을 맞추고 잡음을 지웠더라면요. 수학도 글쓰기처럼 스토리로 이해하며 더 일찍 흥미를 찾을 수 있었을까요?

나만의 떨림을
세상에 울림을

누구나 익숙한 게 편안합니다. 휴지를 걸어놓는 방향, 치약을 짜는 위치도 늘 하던 방법이 편하고 다르면 어색하지요. 교육도 마찬가지입니다. 내가 어릴 적부터 배웠던 방식, 많은 사람이 옳다고 따르는 방향대로 흐르는 게 편할 겁니다. 그래서 다수의 결정과 다른 주파수를 마주하면 불편하고 불쾌할 수 있습니다.

하지만 우리는 압니다. 수많은 신호 중 제대로 된 주파수와 공명한 사람만이 성공의 길을 걷는다는 사실을요. 성공한 사람들은 자신의 강점을 잘 파악하고 그 능력을 키우는 데 열중했습니다. 주위의 평가에 흔들리지 않았죠. 남들이 아무리 무모하다고 해도 확신이 있다면 끝까지 밀고 나갔습니다. 그리고 그런 사람들의 혁신이 세상의 발전을 이끌었습니다.

우리도 콘텐츠를 만들거나 글을 쓸 때 '나만의 장점'에 집중해야 합니다. 낭창낭창한 글을 쓰는 제가 일본 작가 간다 마사노리 같은 문체를 따라 한다면 한숨으로 이 생을 다 채울 겁니다. 한 문장당 글자 수를 세어가며 검열하고 문장이 마음에 들지 않아 진도를 나가지 못하겠지요. 박완서는 박완서다워서 오쿠다 히데오는 오쿠다 히데오다워서 아름답습니다.

내가 잘하지 못하는 부분이나 단점은 남에게 큰 피해를 주지 않는 한 그대로 두세요. 방사선에서도 산란선은 필수불가결입니다. 아주 없앨 수는 없지요. 다만 그 정도가 심해서 왜곡이나 허상을 만들 경우에는 조정이 필요합니다. 사람도 마찬가지입니다. 나다운 떨림, 나만의 주파수가 무엇인지 생각해보세요.

도종환 시인의 말처럼 '흔들리지 않고 피는 꽃'은 없습니다. 모든 우주가 떨고 떨리며 살아갑니다. 여러분의 주파수로 세상에 울림을 전하세요. 작은 떨림이 우주를 변화시키니까요.

10분 마음처방전

주위에서 평가하는 나의 장점과 나 스스로 느끼는 나의
장점 5가지를 적어보세요. 그리고 둘을 비교하여 진짜
나의 장점은 무엇인지 5가지를 꼽아 정리해보세요. 때로는
내가 나 스스로에게 선입견이 있을 수도 있고, 때로는
익숙해서 알지 못했던 나의 장점을 다른 사람이 발견할
수도 있습니다. 그래서 다양한 시선에서 나를 바라보면
좋습니다. 진짜 나의 강점을 찾았다면 세상에 울림을 전할
방법도 생각해보세요.

오늘이라는 책장을 넘기며

정확한 계산을 위해서는 과거의 경험이 큰 영향을 미칩니다.
과거에 스스로 선택해본 경험이 별로 없으면 그만큼 의사결정에
확신이 적겠죠?
-정재승,《열두 발자국》

무슨 그런 걱정을
하고 있어

매달 마지막 토요일은 학생 검진이 있습니다. 그날도 중학교 2학년 여학생의 흉부 방사선 촬영을 마치고 인사를 나누던 참이었지요. 모든 검사가 끝났으니 집으로 돌아가라는 말에 깜짝 놀라며 "집으로요?"라고 되묻던 학생이 머뭇거리더니 말을 이었습니다.

"비만인 사람은 혈액 검사를 해야 한다던데요."

그 여학생은 딱 봐도 평균보다 약간 마른 듯한 체형이었습니다. 혹시나 해서 차트를 보니 비만도는 23.1, 평균값인 24.1 이하였습니다. 저는 어깨를 툭 치면서 말했습니다.

"전혀 비만이 아닌데? 무슨 그런 걱정을 하고 있어. 오늘 날씨 엄청 좋더라. 얼른 가서 좋은 주말 보내."

다행이라는 듯 배시시 웃는 학생에게 손을 흔들고, 차트를 다시 들어 맨 앞장부터 훑어보았습니다. 또래 여학생들의 수치는 21, 18.4, 19.2. '아, 이래서 자신이 비만이라고 착각했던 거구나' 그제야 학생이 놀란 이유를 이해할 수 있었습니다.

반복된 시간이 만든 오늘

주말 내내 그 학생과의 대화가 마음에 맴돌았습니다. 그 아이는 얼마나 오랜 시간을 '나는 뚱뚱해'라는 생각에 사로잡혔을까요? 정상 수치임에도 주변과 비교하느라 자신을 오해하면서요. 그 모습이 안쓰러우면서도, 한편으로는 나 역시 별반 다르지 않다는 생각이 들었습니다.

두 가지 일을 병행하며 나름 주도적으로 인생을 살아왔다고 생각했지만 엄마로서의 삶은 전혀 달랐습니다. 쪽쪽

이 하나를 고르는 데도 고려할 사항이 너무 많았어요. 납작하거나 동그란 모양, 열소독 가능 여부, 케이스의 유무, 브랜드 등등. 어디 그뿐인가요? 이유식 시기와 만드는 방법, 전집 출판사와 분야 고르기 등 육아의 모든 순간은 선택의 연속입니다.

그런데 더 좋은 선택을 하고 싶어 관련 정보를 찾을수록 점점 자신감을 잃었습니다. 왜일까요? 정재승 교수는 그 이유가 '우리는 뇌 속 실험실에서 끊임없이 시뮬레이션을 돌리는 존재이기 때문'이라고 말합니다. 뇌는 끊임없이 데이터를 수집하고 과거의 경험으로 시나리오를 만듭니다. 그러니까 무심코 클릭했던 영상 속 엄마의 노련한 육아, '엄마가 더 신경 썼어야 한다'라는 의사 선생님의 한마디, 계획대로 되지 않은 하루가 저의 뇌 안에 미세한 경로를 만든 거죠. 그 경로는 제 행동과 감정, 태도를 바꿨습니다. 뇌는 에너지를 절약하기 위해 과거의 경험을 바탕으로 가장 확률이 높은 반응을 선택합니다.

저의 경우에는 육아 달인의 영상을 보면서 '나는 부족한 엄마', 병원을 나서며 '아이가 아픈 건 내 탓'이라는 자책이 쌓였습니다. 이런 경험이 축적되면 모든 일이 '내가 제대로 하지 못해서' 일어났다고 결론짓는 겁니다.

자신이 비만이라고 생각했던 학생도 마찬가지였을 겁

니다. 자신보다 마른 친구들을 본 환경, "요즘 살쪄서 큰일이야."라고 흘리듯 말했던 기억, 누군가의 시선이 모여 '나는 뚱뚱하다'라는 사고 회로를 만들었겠지요. 사실이 아닙니다. 뇌의 착각입니다.

작은 변수가 만드는
인생의 변주

뇌의 통계적 추론은, 앞서 설명했듯 에너지 절약을 위한 과정입니다. 이러한 패턴은 삶을 안정시키지만 무의식을 당연하다고 받아들이고 착각하는 원인이기도 하지요. 정재승 교수는 그래서 '자기 관찰'의 중요성을 강조합니다.

그는 오늘을 무심히 흘려보내지 말고 이따금 작은 변수 하나를 바꿔보라고 권합니다. 이를테면 자신이 비만인 줄 알았던 학생이 건강검진을 통해서 '어, 내가 비만이 아니었네?'라는 걸 깨닫는 것처럼요. 엘리베이터에서 만난 생후 5~6개월 아기의 엄마가 '이유식은 언제쯤 시작해야 하나요?'라고 물었을 때, 술술 대답하는 나를 보며 '나 노련한 엄마였네'라는 사실을 발견하는 것처럼요.

일상에서는 어떻게 변수를 만들까요? 저는 글쓰기 수업 시간에 '가족 중 한 사람에게 평소 하지 않던 인사말 보내기'를 소개합니다. 용건만 주고받는 딸과의 카톡에 '그래, 좋은 하루!'를 보내거나, 남편에게 '고생했어, 고마워' 등의 인사를 전하는 거예요. 제 이야기를 들은 수강생 한 분은 딸이 '엄마, 어디 잘못된 거 아냐?'라며 놀랄 것 같다고 하시더군요.

처음부터 큰 변화를 기대하지는 마세요. 연구실에서는 수십 번, 수백 번의 실패를 반복하며 단 한 번의 새로운 현상을 발견하는 순간을 기다립니다. 우리의 뇌가 더 좋은 선택을 하려면 시간이 쌓여야 합니다. 그때까지는 내가 내 삶을 '조정'하기 시작했다는 데 만족하세요. 이런 작은 변수가 나의 일상을 변주하며 '더 나은 나'로 만들어갈 거예요.

10분 마음처방전

제가 추천한 방법 이외에 오늘 내가 해볼 아주 작은 실험은 무엇이 있을까요? 말투나 행동, 환경 등 작은 변화를 계획해보세요. 누구에게 언제 어디에서 어떤 일을 할 예정인지, 그 이유도 함께 적어보세요. 실패해도 괜찮습니다. 아주 작고 사소한 변화 하나가 내 안의 불을 켜는 스위치가 될 수도 있다는 걸 기억하세요.

3.

일상 속
　　　숨겨진
　　조각들

90년대 발라드를 좋아하세요?

가끔 사람과의 일로 괴로울 때, 뭔가 억울한 일이 생길 때
나는 노간주나무를 떠올린다. '일평생 불평 않고 그렇게 사는 놈도
있는데'라고 스스로 위로하며 말이다.
-우종영,《나는 나무처럼 살고 싶다》

이적과

윤종신

　현관문을 열고 나와 이어폰을 귀에 꽂습니다. 아이들과 함께 듣는 동화 뮤지컬은 넘기고 나의 플레이리스트를 재생하며 타닥타닥 가볍게 계단을 내려갑니다. 저는 이적과 윤종신, 김연우의 연필로 꾹꾹 눌러쓴 듯 또박또박한 발음이 좋습니다. 그들의 음악을 들으면 온 세상이 그 시절의 필터를 입힌 것 같거든요. 약간은 뿌옇고 아득한. 그래서 더 아름다운 90년대 필터요.

K팝이 빌보드 차트에 올랐다는 반가운 소식에 찾아 듣기도 합니다. 그런데 저는 탁 끌리지 않더군요. 인기 차트 목록을 이것저것 눌러보는 게, 아등바등 시대를 따라가려 애쓰는 사람 같아 과감히 요즘 트렌드를 내려놓았습니다. 어차피 똑같이 행복한 3분인데 촌스러우면 좀 어때요.

이렇게 큰소리 쳐보지만 사실 저는 열등감이 있습니다. 지나치게 숱 많고 검은 머리, 작고 동그란 손톱, 마놀로 블라닉 구두가 너무나 어울리지 않는 발 모양이 촌스럽다고 생각하거든요. 지금의 단정함은 '세련'에 도전한 결과물이기도 합니다. 물론 실패이긴 하지만요. 그래서 속상했습니다. 시집을 읽고 가방에 펜을 넣고 다니는 것도 촌스러운 취향일까 봐요.

촌스러우면 어때
바보 같으면 어때

'촌스럽다'는 말에 문득 우종영 작가의 노간주나무 이야기가 떠올랐습니다. 돌 틈에 뿌리를 내리고 자기 생명력으로 둔덕을 만드는 노간주나무. 그렇게 쌓인 둔덕도 날아온 꽃씨에 자리를 내어주고, 피어난 꽃의 생기에 밀려 천덕꾸

러기 취급받는 그가 나 같아서 답답하고 안쓰러웠습니다.

하지만 투박하고 거친 줄기에서 시선을 더 밑으로 내리면 이야기는 다릅니다. 뿌리가 보이거든요. 작은 틈을 뚫고 나온 단단한 내공에 절로 겸손해집니다. 반짝이는 손끝, 화려한 발끝을 뽐내고 싶던 내 마음이 치기 어린 아이 같아 부끄럽습니다. 하루하루 자신의 속도로 성장하고 기꺼이 자리를 내주는 넓은 아량에 존경심마저 듭니다.

모과 역시 마찬가지입니다. 울퉁불퉁한 표면과 얼룩덜룩한 색 때문에 보기에 고운 열매는 아니지만 그 진득한 향은 오랫동안 은근히 퍼집니다. 그러고 보면 90년대 발라드 가사의 찌질함은 모과나무를 닮았습니다. 어수룩하고 투박하지만 온 마음을 다해 사랑하는 점이요. 그 가사가 기억에 닿아 모과처럼 은은한 울림을 만들지요. 우종영 작가의 말처럼 '결국 사람의 마음을 움직이는 건 다듬어지지 않은 울퉁불퉁한 진심'입니다.

내가 사랑하는
촌스러움

노간주나무와 모과 덕분에 '당당한 촌스러움'을 배웠습니다. 저는 스마트한 앱보다는 종이와 펜에 적는 걸 좋아합니다. 단어들을 종이에 적으며 생각을 엮고 순서를 정하면 글의 구조를 짜기 편하기 때문이지요.

가방 속에 늘 갖고 다니는 또 하나는 손수건입니다. 손수건은 무겁고 부피가 큰 물티슈보다 간단하고 활용도가 좋아요. 물이나 이물질을 닦는 것은 물론 환절기에는 아이들 목에 감아 체온을 보호하지요. 의자에 펼쳐 깔고 앉거나 아이들의 머리에 두르면 요정놀이도 가능합니다.

좀 더 쿨하고 스마트한 사람이 되려는 노력을 멈추자 나를 아끼는 마음이 생겼습니다. 노간주나무처럼 투박하게 생겼어도 바람을 막아주는 든든한 사람, 모과나무처럼 겉모습은 울퉁불퉁해도 진심을 향기롭게 전하는 사람이 제가 원하는 모습이란 걸 알았거든요. 나의 부족한 점을 바꾸기보다는 지금의 나를 정확하게 바라보고 더 단단히 끌어안는 것이 '가장 세련된 나' 아닐까요?

10분 마음처방전

사람들에게 보여지는 나와 내가 진짜 좋아하는 나의 모습에는 어떤 차이가 있나요? '어른답게 굴어야지', '더 멋진 모습만 보여야지'와 같은 다짐이 아닌, 내가 진짜 좋아하는 나의 모습을 들여다보세요. 남들이 보기엔 보잘것없지만 내가 사랑하는 나 말이에요. 어떤 말투, 어떤 표정, 어떤 취향이 '진짜 나'를 말해주나요?

내 어린 시절 사진에는

어른이 되고 성숙해진다는 것은 나의 경험과 지식은
매우 한정적이고 제한적임을 인정하고 내가 하는 모든 것이
완벽할 수 없다는 것을 받아들이는 것이다.
- 원정미, 《가족이지만 타인입니다》

스마트폰에서
엄마를 지우다

탁- 통화를 끝내자마자 스마트폰을 뒤집어 내려놓았습니다. 진절머리가 납니다. 하루에도 서너 번씩 수화기 너머에서 쏟아지는 비난의 말들.

"예전에 너 비올라 배울 때, 내가 선생님 연습실 청소까지 했어. 그런데 너는 숙제 안 해서 혼나고 있더라? 그게 아픈 엄마한테 할 짓이니?"

"네가 원래 지 몫은 전혀 못 챙기잖아. 네 살 때 야쿠르트 먹으라고 손에 쥐여줬는데 뺏기고도 멍청하게 있더라."

"다정이 아프다고 눈치 주지 마라. 나 어릴 때 네 외할머니가 만날 아프다 말한다며 짜증 냈던 게 아직도 서러워. 애가 아플 때는 엄마뿐이잖니?"

기억도 나지 않는 어린 시절, 바꿀 수 없는 과거, 나와 상관없는 일까지. 내가 쓰레기통인 듯 모든 감정을 쏟아내는 엄마의 긴 통화가 끝나면 온몸이 슬픔에 잠깁니다. 폭격이 지나간 폐허처럼 무력하지요. 엄마의 회상과 상상이라는 감옥에 갇힌 죄인이라 웃는 것조차 사치스러웠어요.

엄마의 비난 역시 내 몫이라 생각하고 살았습니다. 심장이 뛰고 피가 흐르는 한 받아들여야 한다고. 마음이 주저앉는 날들을 묵묵히 살았습니다. 하지만 이제는 다릅니다. 나도 엄마니까요. 내 두 아이를 지켜야 합니다. 아이와 함께 있는데도 수화기가 쩌렁쩌렁 울리도록 상소리를 쏟아붓는 엄마의 연락처를 차단했습니다. 불효녀가 되었습니다.

용서와
화해의 차이

더 이상 엄마와 통화하지 않았지만 그렇다고 마음이 편

하진 않더군요. 그래서 며칠 후 차단 목록을 풀었습니다. 문자가 오더군요. '장례식에도 오지 마라', '너 같은 게 딸년인 내 신세가 한심하다' 등등. 엄마와의 관계는 40년 동안 도저히 풀 수 없는 숙제입니다.

그러던 차에 원정미 작가에게서 명쾌한 해답을 얻었습니다. 용서와 화해를 구분하는 법이 있더군요. 용서는 내가 받은 상처를 상대에게 갚지 않는 마음입니다. 상대가 아닌 나를 위하는 마음이지요. 용서하지 못한다면 내 마음 안에 복수심, 분노, 우울, 억울함같이 부정적인 감정이 가득하기 때문입니다.

하지만 화해는 다릅니다. 나뿐만 아니라 상대도 관계 개선을 위해 적극적으로 노력해 다시 화목한 관계로 돌아가는 것이 화해입니다. 그러니까 제가 풀고 싶었던 숙제는 화해를 통한 관계 회복이었던 겁니다. 상대는 그럴 의지가 없었으니 늘 미제였고요.

그러나 모든 관계를 화해하며 풀 필요는 없습니다. 교통사고 가해자와 굳이 화목하게 지낼 이유가 없는 것처럼요. 그저 그를 용서하고 그 사건에서 자유로워지면 됩니다. 엄마와의 관계도 마찬가지죠. 엄마가 나와의 관계를 개선하고자 노력한다면 두말할 것도 없이 좋겠지만 그럴 의지가 없다면 과감히 내려놓아야 합니다.

다만 용서하는 겁니다. '도무지 이해되지 않는 누군가를 만난다면, 그의 삶이 나처럼 많은 것을 갖추지 않았다는 사실을 기억하라'는 《위대한 개츠비》의 첫 문장처럼 상대를 이해하는 겁니다. 엄마의 삶이 고단했을 뿐, 내가 정말 형편없고 모자란 딸, 못되고 못난 엄마는 아니라는 사실을 구분해야 합니다. 슬픔과 분노를 내 딸들에게 물려주지 않도록.

적당히 가까울 때
행복한 관계

몇 달이 지나, 다시 엄마 집에 갔습니다. 아직 눈을 마주볼 자신은 없어 엄마의 머리카락을 보며 얘기를 나누었습니다. 엄마의 말은 적당히 흘려듣고 그 사이 흰머리가 많아진 엄마의 머리카락을 찬찬히 훑었습니다. 아이들에게 한없이 따뜻하고 쩔쩔매는 할머니인 엄마를 보았습니다. 내게도 아이들에게도 소중한 사람. 밉지만 우리 곁에 머무는 이 순간이 감사한 사람입니다.

장미나 선인장을 좋아한다고 해서 꼭 끌어안으며 고통스러워할 필요는 없습니다. 반대로, 나를 아프게 한다고 해서 그의 가시를 다 뽑아야 하는 것도 아니지요. 가까이 가서 만지지는 않지만 적당한 거리에서 바라보기만 하면 괜찮은 관계. 그게 제가 찾은 엄마와의 관계에 대한 해답입니다.

글쓰기 수업에서 가족 이야기가 나올 때면, 유난히 엄마와 딸 사이에 엉긴 감정들을 토로하는 분이 참 많습니다. 한때는 한 몸이었고 비슷한 역할의 길을 걷기에 이해도 오해도 많은 관계. 서로를 꽉 잡고 꾹꾹 누르며 지지는 김치전 같은 관계. 그러나 한입에 먹으면서도 각각의 맛이 살아 있는 방법도 있습니다. 월남쌈처럼요. 적당한 거리로 서로를 존중하는 관계의 미학을 찾으시길 바랍니다.

10분 마음처방전

지금, 용서하고 싶은 사람이 있나요? 생각하면 마음이 아리지만 관계를 이어가고 싶은 사람이요. 오늘은 그 사람을 글로 마주해보세요. 그 사람과 나 사이의 일을 3가지 적어보세요. 그 당시 상대와 나의 표정, 행동을 구체적으로 쓰고 그 일을 겪은 후 내 안에 자리 잡은 감정도 적어보세요. 글을 쓰다 보면 눈물이 날 수도 있지만 괜찮습니다. 그동안 꽉 닫혔던 마음의 문이 열리는 신호니까요.

붉게 저무는 태양을 본 적 있나요?

말하자면 나는 비가 내릴 때마다 젖는 사람이었고
누가 건드리기만 해도 쓰러지는 사람이었다.
-김연수, 《지지 않는다는 말》

쉽고 가벼운
내 인생

코로나19의 기세가 꺾인 후에도 여전히 외출할 때마다 스트레스를 받았습니다. 어디든지 낯선 할머니들의 잔소리가 따라다녔기 때문이었습니다.

"애가 어린데 벌써 안경을 썼네. 스마트폰 자주 보여주는구나? 그러면 못써."

"애 엄마 얼굴이 왜 그리 뻘게? 치자씨를 갈은 다음 요거

트에 섞어 발라 봐. 싹 가라앉을겨."

　할머니들은 지금껏 스마트폰으로 영상을 보여준 적 없다거나 코로나를 겪은 뒤 면역력이 깨지며 홍조가 올라왔다는 '진짜' 이야기에는 관심이 없었습니다. 그저 일상이 지루한 할머니들에게 잠깐의 이야깃거리가 반가우셨겠지요.

　문제는 그 말에 큰 영향을 받는 '나'였습니다. 아이들과의 외출 계획을 세울 때부터 외출에서 돌아온 다음까지 그들의 말에 동요되었습니다. 아이가 안경을 쓴 것은 내 탓, 내 빨간 얼굴을 치료할 시간이 없는 것은 아이 탓이라는 원망의 굴레에 갇혔지요. 나도 아이도 싫었습니다. 함께 행복한 시간을 보내겠다는 외출의 본래 목적은 민들레 씨앗처럼 쉬이 날아갔습니다.

　김연수 작가는 산문집 《지지 않는다는 말》에서 '바다는 비에 젖지 않는다'라고 했습니다. 그의 말대로라면 이미 슬픔에 가득 찬 삶이니 작은 말 한마디에 슬픔을 느끼지 않아야 했습니다.

　그러나 나는 달랐습니다. 내 마음은 바다가 아니라 작은 종지였습니다. 잠깐의 행복으로 증발된 슬픔만큼 금세 다시 슬픔이 찰랑찰랑 차올랐습니다.

마 아타 호셰브?
네 생각은 뭐야?

내 감정을 돌아보고 무너진 마음을 일으키기 위해 글을 썼지만 한계가 느껴졌습니다. 부정적인 감정을 털어내고 위안을 받는 한편, 모든 책임이 나에게 있는 것 같고 그저 이 고통을 받아들여야 한다는 결론을 내기도 했어요.

그런데 하브루타를 배우면서 글쓰기가 달라졌습니다. 짝과 함께 대화를 나누면서 가장 많이 사용하는 문장이 생겼기 때문인데요. 바로 "선생님은 어떻게 생각하세요?"입니다. 솔직히 말하면 처음에는 꼬리 질문을 계속 만드는 게 힘들어서 상대의 의견을 묻기 시작했습니다. 그런데 이 문장을 자주 사용하면서 점차 제 생각과 일상에 변화가 찾아왔습니다.

상대의 생각을 묻는 경우, 하나의 상황을 다양한 시선에서 바라볼 수 있습니다. 나의 시선과 상대의 시선, 그리고 상대의 시선과 나의 시선을 결합해 탄생한 새로운 시선이 생기지요. 그래서 유대인 격언에는 '두 사람이 만나 토론하면 세 개의 답이 나온다'라는 말이 있습니다.

일상에서 이 방법을 활용하자 감정의 동요가 줄었습니다. 의견을 묻는 것은 상대를 존중하고 그의 이야기에 경청하겠다는 뜻을 담고 있지요. 그 덕분에 남편과의 보이지 않는 신경전이나 아이들과의 실랑이가 줄었습니다. 아이들이 비가 오지 않는데도 우산과 장화를 신고 나가겠다고 우기는 일이나 남편이 이해할 수 없는 순서로 집안일을 하는 데에도 다 그만한 이유가 있더군요.

지지
않는다는 말

글을 쓸 때도 이 방법을 활용했습니다. 내게 일어난 일을 적을 때면 먼저 내 입장에서 느낀 감정을 적고, 상대가 왜 그렇게 했는지 생각해보았습니다. 또 내가 상대였다면 어떻게 했을지도 상상해보고요. 그러자 할머니들의 마음도 이해할 만했습니다. 30년 후, 다른 이에게 상처주는 말을 내뱉지 않는 할머니가 되자고 다짐하기도 하고요.

내가 힘든 이유는 단순한 비난 때문이 아니라 '엄마인 나'와 '본래의 나'를 구분하지 못해서라는 걸 깨닫고 좋아하는 일에 시간을 썼습니다. 그러자 단조롭기만 했던 일상이 입체적으로 변했습니다. 잘 모르는 것이 있으면 관련 책을 찾아 읽으며 지식의 폭을 넓히고 그림책 한 권으로 50개씩 질문을 만들며 촘촘하게 이야기를 쌓아나갔습니다.

꼬리에 꼬리를 무는 생각 노동에서 벗어나면서 일상에 빈틈이 생겼습니다. 그럴 때면 공원에서 뛰어다니는 아이들을 물끄러미 바라보았습니다. 실시간으로 변하는 아이들의 표정을 보며 깔깔거리며 웃고 영상을 찍었습니다.

그리고 지하철이 한강 다리 위를 지날 때면 붉게 저무는 태양을 바라보았습니다. 저 태양이 지는 동안 다른 어디에서는 다시 태양이 떠오르고 있겠지요. 나와 비슷한 삶을 사는 누군가도 어디선가 저 태양을 바라보고 있고 그런 수많은 사람이 살아가는 게 이 세상이라는 생각이 들자 어렴풋이 알 것 같기도 합니다. 지지 않는다는 의미를.

10분 마음처방전

지고 싶지 않았던 순간은 언제인가요? 누구든 마음속 깊이 단단히 움켜쥐고 있는 일이 있습니다. 큰일은 아니지만 포기하면 나를 잃을 것 같은 느낌 때문에요. 지고 싶지 않다는 마음은 우리를 앞으로 나아가도록 밀지만 그 마음이 지나치게 강하면 오히려 나를 무너뜨리기도 합니다. 지지 않기 위해 애썼던 마음과 그로 인해 생긴 오해나 상처도 적어보세요. 새로운 의미로 다시 보일 거예요.

마음을 담는 병이 있다면

내가 구상하는 봉기는 단순하다. 벌처럼 모여서 윙윙윙 떠들기다.
자기를 스스로 공격하는 악순환에서 벗어나기 위해서는
다른 해석이 필요한 법이니, 내 목소리를 내보내고 내 삶에 다른
목소리가 흘러들게 하는 것이다.
-은유, 《다가오는 말들》

당신이 너무
───────
오냐오냐 키우니 그렇지

"다정아, 밥을 좀 더 먹어 봐. 깨작깨작 먹지 말고 푹 떠서 맛있게 냠냠."

그날 점심도 어김없이 입 짧은 첫째 다정이가 밥알을 하나씩 입에 넣고 있었습니다. 화를 꾹 누르고 아이를 독려했지요. 그런 제게 남편이 툭 한마디 하더라고요.

"애를 굶겨야 배고파서 밥을 먹지."

부아가 치밀었습니다.

"왜 갑자기 그런 말을 해. 안 그래도 애가 며칠 전부터 시름시름 앓으려고 하는데, 그러다 아프기라도 하면 당신이 일을 쉬고 돌볼 것도 아니잖아."

"굶겨 본 적은 있고?"

남편의 차가운 눈초리가 마음에 꽂혔습니다. 직장 복귀 2주 차. 한 번도 언성을 높인 적 없던 그가 아이들 앞에서 노골적으로 비난하자 서러웠습니다. 이틀 전, 둘째 다감이가 밤중에 소변 실수를 했을 때도 '오냐오냐 키우니까 오줌을 못 가린다'라고 말했던 그입니다.

7년 동안 내 시간을 다 바쳐서 아이들을 키운 결과가 '다 네 잘못'이라니. 주말에 근무를 다녀온 사이 아이들과 핫도그를 먹은 그가 아닌 내 잘못이라니. 저녁에 먹은 수박 때문이 아니라 내가 오냐오냐 키워서 오줌을 쌌다니. 수많은 말이 목울대를 치고 올라왔지만 눈치를 살피는 아이들이 보여 그 말을 삼켰습니다.

괜찮은 척 살아봐도
어느새 툭
―

며칠 후 아침. 또 다정이가 올리브 베이글을 부스러기로 쪼개서 한 톨씩 먹더군요. 먹기 싫으면 관두라며 그릇을 빼앗아 쓰레기통에 넣고 출근 준비를 하러 화장실로 들어갔습니다. 쭉 짠 치약마저 마음에 얹혀 눈물이 그렁그렁했습니다. 은유 작가의 말이 속삭였습니다.

"누른다고 사라지는 건 아니야. 울더라도 정확하게 말해야지."

아이들 앞이니까, 주말을 망치고 싶지 않으니까, 서로 힘드니까. 수많은 이유로 감정을 억눌렀습니다. '다시 말을 꺼내면 싸울지도 몰라', '맞벌이 부부가 되었으니 어쩔 수 없지'라는 마음으로요. 저처럼 여러분도 '말 안 하고 참기'를 선택한 적 있으시겠지요?

하지만 아무리 꾹꾹 누른다고 해도 감정이 사라지진 않습니다. 공들여 만든 과일청도 온도가 맞지 않으면 시큼하게 변합니다. 묵을수록 귀해지는 장도 공기가 통하는 장독에 담갔을 때 제대로 발효하고요. 우리 마음도 막 담아두면 상합니다. 관계의 균열, 자기 비난, 몸의 증상 등이 찾아오지요.

마음을 연다고 해서 꼭 상대에게 내 감정을 구구절절 말해야 하는 건 아닙니다. 내가 내 감정의 원인과 실제 속마음을 제대로 파악하지 못한 채 섣불리 이야기를 시작하면 내용이 와전되거나 더 큰 갈등을 만들 수도 있지요. 가장 먼저 할 일은 내가 '내 감정'을 똑바로 알아야 합니다.

은유 작가는 감정 인식의 첫걸음으로 글쓰기를 권합니다. 진짜 감정의 뿌리를 찾는 것이죠. 누구와 있었고 어떤 상황이었고 어떤 기분이 들었는지 하나씩 질문하고 답을 좇다 보면 감정을 왜곡 없이 받아들일 수 있습니다. 마음을 언어로 기록하면 감정은 정리됩니다.

괜찮은 척이 아닌
진짜 괜찮음

적다 보니 그날 아침 눈물의 이유가 명료합니다. '나의 7년이 틀렸다는 부정'이 슬펐던 겁니다. 매일 아등바등 살았던 내 노력이 다 물거품이었을까 봐. 하지만 감정을 정리하니 시야가 넓어져 그날 보지 못한 것들이 보입니다. 울며 세수하는 나를 안아주는 다정이와 현관 앞에 서서 행복한 하루 보내라고 인사하던 다감이. 밥을 잘 먹지 않아도 밤에 오줌을 싸도 예쁜 내 두 딸들.

나에게는 좋은 엄마의 기준이 있습니다. 거기에는 굶겨서 밥을 잘 먹이는 엄마는 없습니다. 밤에 오줌 싼 아이를 엄하게 혼나는 엄마도 없습니다. 내가 꿈꾸는 엄마는 상처받은 마음을 털어놓고 안겨서 울 수 있는 엄마, 부족한 모습을 보여도 책망하지 않는 엄마였습니다. 지난 7년은 미래의 그 날을 위해 신뢰를 쌓는 시간이었습니다. 오냐오냐 키운 게 아니라요.

'아이들과 지낸 7년'을 다시 정의하니 남편의 말이 마음을 짓누르지 않습니다. 부모의 가치관, 부부의 존중 같은 문제는 여전히 남았지만요. 이처럼 글로 상황과 마음을 적으면 감정은 형태를 갖춥니다. 형태를 갖춘 마음은 다룰 수 있기에 두렵지 않습니다.

여러분도 마음을 담은 병을 열어보세요. 처음에는 쉽게 꺼낼 수 있고 작은 것부터 시작합니다. 점점 내공이 쌓이면, 가슴속 깊은 곳의 묵직한 기억도 꺼낼 수 있을 거예요. 하나씩 마음을 꺼내 가볍게 삽시다. 나를 위해. 나의 소중한 사람을 위해. 하루뿐인 오늘을 위해.

10분 마음처방전

내 마음 안에는 오래전부터 병 하나가 있었습니다.
누구에게도 보여준 적 없지요. 슬픈데 울지 못했던 날,
화가 났지만 아무 말도 못 했던 밤. 그렇게 삼킨 감정들이
차곡차곡 담겨 있습니다. 가끔은 그 병이 무거웠지만
바쁘다는 핑계로 미뤄뒀어요. 오늘은 그 병을 열어보려
합니다. 어떤 냄새가 나나요? 어떤 계절과 말, 표정이
그 안에 들어 있나요? 가장 처음 튀어나오는 마음을
적어보세요.

바람의 온도를 기억하나요?

인간을 '호모 비아토르(Homo Viator)'라고 하는데 떠도는 사람,
길 위의 사람이라는 뜻이다. 삶의 의미를 찾아 길을 떠나는 여행자,
한곳에 정착하지 않고 방황하며 스스로 가치 있는 삶을
찾아나서는 존재를 가리킨다.
-류시화, 《새는 날아가면서 뒤돌아보지 않는다》

바쁘고 바쁜
사람들

  살면서 꽤 사람들을 만났다고 생각했습니다. 800명 넘는 사람을 인터뷰하고 강의도 했으니까요. 그러나 제가 사람들을 가장 많이 만나는 공간은 따로 있는데요. 바로 병원입니다. 하루 최소 100명 이상의 환자분들을 만나거든요. 시간을 오래 들여 깊이 대화를 나누진 않지만 짧은 시간에도 대략 성격 정도는 파악할 수 있습니다. 곳곳에 단서가 숨

어 있기 때문이죠.

 첫 번째 단서는 방사선 촬영실 문입니다. 어떤 분들은 무작정 문을 벌컥 열고 들어오십니다. 문 밖에 방사선 구역 안내와 접근 금지 푯말이 있는데도 말이죠. 방사선은 민감한 부분이라 촬영 때마다 문을 잠급니다. 그러면 내부에서 촬영이 불가능할 정도로 노크를 하시더라고요.

 두 번째 단서는 촬영실에 들어오는 순간인데요. 저의 인사를 받는 분은 절반 이하입니다. 대부분은 허둥지둥 들어와서 안내를 제대로 듣지 않은 채 우왕좌왕 헤매십니다. 물론 병원이라는 공간적 특성상 경황없고 바쁘실 수도 있지요. 그러나 이렇게 성격이 급하신 분들의 경우, 오히려 촬영 시간이 서너 배 이상 소요됩니다.

허둥지둥
놓친 것들

 바쁜 분들에게서 저의 지난날들을 봅니다. 온종일 분주했지만 잠자리에 누우면 허망하고 허탈한 밤. 그런 날은 좀처럼 잠이 오지 않았습니다. 하루를 곱씹으며 잘못된 부분을 샅샅이 뒤져 자신을 책망했지요. 그러다 점점 과거까지 들춥니다. 1주일 전, 한 달 전, 3년 전으로 돌아갑니다. 결국

'그때 그 선택을 하지 않았다면 달랐을 텐데…'라는 마음에까지 이릅니다.

한껏 작아진 마음으로 잠에 들면 다음 날은 눈 뜨는 순간부터 우울했습니다. 어젯밤의 결론에 비추면 오늘도 별다르지 않을 테니까요. 자신감이 없어 매사에 주저하고 실수도 잦았습니다. 갈피를 잃으니 감정과 행동이 양은냄비처럼 쉽게 들끓었습니다. 매일이 소란스럽고 하릴없이 에너지가 쭉쭉 빠져나갔지요. 오늘이 무슨 요일인지, 어제 먹은 음식이 무엇인지 전혀 알 수 없었습니다.

산만할수록 책 읽기도 어려웠습니다. 두어 줄 읽으면 스마트폰을 보고 싶고 두어 줄 읽고 책상 위를 정리했습니다. 다음 내용이 궁금해서 밤을 지새우며 책을 읽던 날이 거짓말 같았습니다. 오늘, 이 순간에 발이 닿아 있는 느낌이 없었습니다. 사는 게 아니라 그저 둥둥 표류하는 것 같았죠.

나만의 속도를
찾아서

집중력을 높여야 했습니다. 혼자 있을 때면 폼롤러를 바닥에 놓고 그 위에 누웠습니다. 베개처럼 베고 눕거나 등을 받치고 몸을 위아래로 롤링했지요. 두두두둑- 굳었던 척추가 요란한 소리를 내며 자리를 찾았습니다. 눈을 감고 뭉쳤던 근육이 풀리는 느낌에 집중했습니다. 그러나 집중은 오래가지 않았습니다. 이내 수많은 생각이 머리를 스쳤지요. 그 또한 의미가 있었습니다. 얼마나 잡생각이 많은지 깨달았으니까요.

떠오르는 생각을 지우고 현재에 집중하려 애썼습니다. 풍선을 터뜨리는 것처럼 생각을 팡팡 터뜨리거나, 쓰으쓰으 칠판을 지우는 장면을 상상했습니다. 처음에는 몹시 힘들더군요. 안구가 빙빙 도는 것 같았어요. 그래도 하루 5분, 10분. 꾸준히 지속했습니다. 침대에 누울 때는 수건을 두 장 돌돌 말아 목 뒤를 받쳐 목과 어깨의 긴장을 풀었습니다.

한 달쯤 지나니 변화가 느껴졌습니다. 가장 먼저 호흡이 깊어졌어요. 잡생각을 비우는 데 걸리는 시간이 1분 미만으로 줄었고, 하얀 배경 위 검은 점을 떠올릴 수 있었지요. 깊게 자고 한 시간 동안 책을 읽을 수 있었습니다. 빨래할 때에는 빨래만, 세면대를 닦을 때는 세면대에만 집중했습니다. 갑작스런 일이 생겨도 극심하게 당황하거나 물건을 어디에 두었는지 도통 모르는 일도 없었습니다.

그러자 같은 시간에 더 많은 일을 할 수 있었습니다. 온전히 오늘에 집중했지요. 아이들이 먹는 밥과 물의 양을 파악하고 나를 보며 짓는 표정의 의미를 제대로 읽을 수 있었고요. 영양제도 제시간에 먹었습니다. 그토록 좋아하던 류시화 시인의 시를 다시 음미하며 사람들에게 '안녕'을 물을 수 있었습니다.

우리는 때로 인생의 길을 잃습니다. 내가 누구인지, 이곳이 어디인지 알 수 없죠. 그럴 때면 눈을 꼭 감고 우는 아이처럼 감정만 앞서기도 합니다.

혹시 〈꼭꼭이송〉을 아시나요? 미아 예방을 위해 만들어진 동요인데 '멈추기, 생각하기, 도와주세요'라는 가사로 시작합니다. 어른도 다르지 않습니다. 인생의 길을 잃었을 때는 멈추고 차분하게 생각하세요. 스스로를 도우면 잃어버린 길을 다시 찾을 수 있습니다.

10분 마음처방전

기억에 남는 바람이 있나요? 저는 공원에 누워 나무를 바라볼 때의 바람이 떠오릅니다. 평소 의식하지 못하던 바람이 시야 가득 펼쳐지는 순간이요. 그런 순간은 내가 멈췄을 때 비로소 찾아옵니다. 일상을 멈추고 뇌가 쉬는 방법을 떠올려보세요. 컬러링북 색칠, 블록 조립, 클래식 음악 감상, 요가 등. 내 안의 고요를 찾아 삶의 속도를 되찾으시길 응원합니다.

익숙했던 길이 특별해지는 순간

어쩌면 그것들은 영영 사라진 게 아니라 라디오 전파처럼 에너지 형태로 세상 어딘가를 떠돌고 있지는 않을까. 그러다 드물게 주파수가 맞는 누군가의 가슴에 무사히 안착하고, 어긋나고, 보다 많은 경우 버려지고, 어느 때는 이렇게 최초 송출지로 돌아와 보낸 이의 이름을 다시 묻는 건지도.
-김애란,《잊기 쉬운 이름》

미안하다

사랑한다

대학 1학년 겨울, 복학생 선배에게 연락이 왔습니다.
'너희 동네 지하철역인데 잠깐 나올 수 있어?'
황급히 옷을 갈아입고 모자를 눌러쓰며 뛰어나갔어요. 몇 겹을 덧입어도 옷태가 나는 마르고 키 큰 선배가 가늘고 긴 손가락이 빨개진 채 역 앞에 서 있었습니다.
"좀 걸을까?"

선배의 말에 공원으로 향했어요. 도착한 그가 쇼핑백에서 주섬주섬 종이 뭉치를 꺼냈습니다. 옛날 소설 속 아버지가 귀한 소고기를 사 온 듯한 모양새였습니다. 겸연쩍은 아버지처럼 선배가 말했습니다.

"며칠 후에 네 생일이잖아. 방학이라 심심해서 네 사진을 보고 그림을 그려 봤어."

부끄러운 마음에 나도 덩달아 소설 속 소녀처럼 고개를 주억거렸습니다. 말주변 없는 둘이 멀뚱하게 눈 쌓인 공원만 바라보고 앉아 있었습니다. 아니, 나란히 앉아 있었습니다. 카페에 갈 걸 그랬나 후회될 만큼 한기가 파고들 때, 선배가 결심한 듯 노래를 부르기 시작했습니다.

"어느새 길어진 그림자를 따라서 땅거미 진 어둠 속을 그대와 걷고 있네요."

너무나도 환한 눈밭이었습니다.

내 기억이
정확하다는 착각

그게 벌써 15년 전이네요. 지금도 눈이 소복이 쌓인 날이나 방음 언덕형 공원을 보면 그 시절이 떠오릅니다. 떨리는 목소리로 노래를 부르던 선배와 차마 선배를 바라보지 못하던 나. 떨리는 감정만 공유한 채 앞만 보고 앉아 있던 우리는, 끝내 서로를 향하지 못한 사이로 남았습니다. 어쩌면 그 순간도 서로 다르게 기억하겠죠.

비단 선배와 나뿐만일까요? 많은 사람들이 같은 날, 같은 장소, 같은 사건을 공유하면서도 각기 다르게 기억합니다. 한 사람의 기억도 시간이 흐르면서 달라지고요. 2008년에는 가슴이 터질 듯 떨리던 그날이 2009년에는 꺽꺽 쏟아내는 울음이고 2025년에는 아련하고 예쁜 과거가 되는 것처럼요.

김애란 작가의 산문 〈한여름 밤의 라디오〉에도 같은 내용이 나옵니다. 어느 날, 자신의 단편 소설을 낭독하는 팟캐스트를 듣던 그녀는 깜짝 놀랍니다. 투박한 경상도 억양으로 읽는 자신의 소설은 그동안 상상했던 느낌과 전혀 달랐거든요. 처음 썼을 때의 의도와 감정은 희미해지고 익숙하면서도 생경한 기분. 글을 쓸 때와 현재의 간극이 글과 사람 사이의 관계를 새롭게 만듭니다.

간극과 왜곡. 그 벌어진 사이가 꼭 나쁜 것만은 아닙니다. 당연한 것에 아주 작은 차이를 더하면 '발명'이고 익숙한 것에 나만의 시선을 담으면 '창작'이니까요. 2008년, 문학을 전공하던 우리는 순댓국집 테이블에 둘러앉아 온갖 것들을 비틀어보며 열띠게 토론했습니다. 더러는 혼자 앉아 세심하게 나뭇잎을 관찰했지요. 저마다 다른 별을 받은 잎사귀들에게서 뭐라도 느끼려 애쓰던 시절이었습니다.

시간을 되돌려 다시 그때로 간다면

글쓰기 수업에서는 종종 낯설게 보는 연습을 합니다. 글쓰기 책에 자주 나오는 '낯설게 보기'란 거창한 게 아닙니다. 평범한 오늘에서 어제와 다른 점을 찾고 익숙한 물건에 낯선 시선을 얹는 일이죠. 혹은 손에 든 컵의 온기를 의도적으로 느끼며 온기의 근원을 추적하며 상상하기도 하고요.

이런 작은 발상이 정말 글 쓰는 데 도움이 될까요? 제 대답은 '예'입니다. 새 신발을 산 날, 우리는 신발을 보고 또 봅니다. 발을 까딱거리며 이쪽저쪽을 살피고요. 하지만 시간이 지나면 더 이상 느끼거나 관찰하지 않습니다. 그저 '신을' 뿐입니다. 일상도 마찬가지입니다. 매일 반복하는 장면, 생각은 그냥 통과해버리지요. 이미 내 발에 익숙한 신발을 다시 처음 신발을 산 날처럼 관찰하는 게 '낯설게 보기'입니다. 그때의 설렘은 아닐지라도 그동안 닳은 굽이나 헤진 부분에서도 이야기가 나옵니다. 신발에 얽힌 일화로 한 편의 글을 쓸 수도 있지요.

낯설게 보기의 궁극적인 목표는 관찰로 이야기를 끌어내는 과정입니다. 살아 있는 표현을 위해서는 구체적인 모습, 느낌, 생각이 필요하지요. 그것들을 모으려면 감각의 촉수를 세워야 해요. 사물이나 장소를 관찰하다 보면 나의 내면과 관계도 다시 보입니다. 같은 장면이라도 심리 상태나 현재 상황에 따라 구름이나 꽃, 의자와 사람 등 관심 있게 바라보는 대상이 변하기 때문입니다.

시간의 틈을 메워봅니다. 2008년 그해 겨울로 돌아간다면 고개를 돌려 선배를 바라보고 싶습니다. 그때는 너무 어려서 감당하기 힘들었던 선배의 삶도 똑바로 보고요. 슬픈 일이 많았던 선배의 삶에, 나와의 시간이 얼마나 소중한지 알았더라면 어땠을까요. 그럼 주저하는 대신 더 많이 웃고 열렬하게 싸웠을 겁니다. 선배가 자신의 인생에서 도망치지 않도록.

10분 마음처방전

익숙한 장소를 둘러보며 평소에는 보지 못했던 것을 한 가지를 찾아보세요. 매일 걷는 길, 늘 앉는 자리, 손이 자주 닿는 물건. 평소와 무엇이 다르나요? 혹은 전혀 눈에 들어오지 않았는데 오늘따라 유독 시선이 머무르는 게 있나요? 작은 사물, 작은 순간이 연결고리가 됩니다. 거기에서 글을 시작해보세요.

실수가 가져다준 선물

> 그들은 현실세계의 딸보다 가상세계의 딸에게 더 커다란 관심을 쏟아부은 나머지 결국 진짜 딸을 영원히 잃게 됐다.
> -정여울, 《상처조차 아름다운 당신에게》

보이지 않는 적과의 전투

나의 밑바닥을 본 적이 있나요? 저는 두 아이를 출산한 지난 3년이 밑바닥이었습니다. 나조차도 생소할 만큼 감정적이고, 무기력하고, 충동적인 기간이었지요. 특히 37주를 겨우 채우고 목숨 걸고 낳은 첫째 다정이에게는 해줄 수 있는 한 가장 좋은 환경을 만들어주고 싶었습니다. 직장 생활을 접고 아이를 돌보는 만큼 최고의 엄마이고 싶었죠.

처음에는 육아도 시간과 정성을 쏟으면 좋은 성적을 받을 줄 알았습니다. 그런데 웬걸요. 아무리 해도 티 안 나는 게 집안일과 육아라는 말을 절절하게 와닿았습니다. 아무도 알아주지 않는 내가 안쓰러웠습니다. 그래서 나라도 나를 도와야겠더군요. '입 짧은 아이도 한 그릇 뚝딱 먹는 수제 반찬', '30분 동안 아이 혼자 놀고, 뒷정리도 쉬운 모래놀이', '만지기만 해도 오감이 자극되는 교구' 등을 샀습니다. 솔직히 말하자면 보여주는 대로 흡수하는 다정이가 누구나 알아줄 만큼 똑똑하게 크길 바랐습니다. 그게 내가 '훌륭한 엄마'임을 증명하는 것이 될 거라 생각했어요.

그런데 문제가 드러났습니다. 잠을 쫓으며 만들어둔 자석 가베가 3초 만에 무너지듯 애를 쓸수록 버티는 시기가 짧아졌어요. 스스로를 제어하지 못했다는 자책과 모든 걸 혼자 해결해야 한다는 두려움, 아이의 미래에 대한 책임감에 스마트폰을 의존하기 시작했습니다. 더 많은 정보, 더 좋은 제품을 찾았지요.

치트키인 줄 알았는데
MSG

감사일기를 쓰기 시작한 지 일주일째 되던 날, 제가 쇼핑 중독이라는 사실을 알았습니다. 스마트폰 메모장에 단 세 줄을 적는 동안 인터넷 창을 수십 번 옮겨 다녔어요. 아이에게 고마운 점을 적다가 '아 맞다, 다정이가 좋아하는 거품 놀이 공구 예고를 봤는데'라는 생각이 떠올라 이리저리 카페와 인스타그램을 찾았습니다. 남편과 대화하면서 "오픈채팅방에서 엄마들이~"라는 말을 자주 했고요.

꼭 필요하다는 강박, 자꾸만 들여다보고 싶은 반복, 일상 기능의 침해. 행동 중독(Behavioral Addiction)이었습니다. 육아의 '치트키'라고 생각했던 게 사실은 건강한 일상을 서서히 무너뜨리는 MSG였던 거죠. 결제의 순간 솟아오르는 도파민을 좋은 엄마로서의 만족감이라고 착각하면서요.

나를 이해할 사람들이 여기가 아닌 온라인 세계에 있다고 굳게 믿었습니다. 내 문제를 해결해줄 물건이 그곳에 있을 줄 알았어요. 그래서 온라인 세계로 도망쳤습니다.

그러지 말았어야 했습니다. 부딪힌 문제들에 용감하게 맞서야 했어요. 자꾸 눕고 싶으면 나가서 걷고 나갈 힘이 없으면 제대로 먹어야 했습니다. 가베를 쌓고 코팅기를 돌리는 대신 잠을 자야 했습니다.

내면의 블리스를
찾아서

정여울 작가는 중독을 '끝없이 반복되어야만 유지되는 사슬'이라고 말합니다. 중독은 단순한 욕망이 아니라 상처를 감추기 위한 패턴이자 고통을 마비시키는 수단이기 때문이지요. 실제로 육아우울증을 겪는 이들이 쇼핑에 빠지는 이유는 소비하면서 '나는 여전히 선택할 수 있다'라는 감정을 갖고자 하는 몸부림 때문입니다.

하지만 진정한 회복은 소비에 있지 않습니다. 공허함과 무력감의 진짜 원인을 응시하는 용기가 회복의 열쇠지요. 블리스(Bliss)를 찾아야 합니다. 외부에서 주어지는 쾌감이 아니라 내 안에서 조용히 피어나는 기쁨. 글쓰기, 음악 감상, 진솔한 대화 혹은 명상 속에서 내면 아이와 만나는 기쁨 말이에요.

블리스를 찾기 위해서는 먼저 중독에 대한 감정부터 바꿔야 합니다. 중독된 내 모습을 비난하거나 자책하면 그에 따른 스트레스를 감당하기 힘듭니다. 중독을 하나의 습관으로 가볍게 바라보세요. 내가 왜 좋지 않은 습관을 반복하는지 그 원인을 찾으면 해결의 실마리 역시 따라올 겁니다.

그다음으로는 습관을 반복하지 않도록 도울 장치를 만

드세요. 자존감이 낮아질 때는 한 줄 긍정 확언 쓰기, 스트레스를 감당하기 힘들 때는 3초 호흡하기, 자꾸 스마트폰을 보고 싶을 때는 지정된 위치에 두기, 물건을 사고 싶을 때는 결제 전 장바구니에 하루 담아놓기처럼요.

올바른 소비를 구분하는 것도 좋은 방법입니다. '무엇'을 사고 싶은지가 아니라 '왜' 사고 싶은지를 생각해보세요. 타당한 이유가 없다면 결제하지 마세요. 소비의 주도권을 마음이 아니라 머리에게 주십시오. 옳은 선택을 반복하면, 자신감과 자존감이 다시 차오를 겁니다. 스스로가 소중하면 자신을 중독 안에 내버려두지 않을 테지요. 구해낼 거예요. 악착같이. '나'는 누구보다 소중한 사람이니까.

10분 마음처방전

여러분이 자주 반복하는 행동 중, 하고 나면 후회가 남거나 무의미하게 느껴지는 일이 있나요? 그것이 바로 중독일 가능성이 높습니다. 반복하는 행동을 할 때 어떤 감정이 일어나는지 적어보세요. 나의 결핍이 무엇인지 파악하고 그 결핍을 더 건강하게 돌볼 방법도 함께 생각해보세요.

4.

사람의
정원에서

나라는 섬에는 누가 찾아오나요?

누구와 어떻게 연결되느냐에 따라 우리는
완전히 새로운 세상으로 나아갈 수 있기 때문입니다.
- 박상미, 《관계에도 연습이 필요합니다》

이름만 말했는데
눈물이 툭

극심한 우울증을 앓던 시기, 우연히 거울을 본 적이 있습니다. 벌겋게 상기된 피부와 지푸라기처럼 푸석거리는 머릿결. 바람 빠진 풍선 같은 몸을 보고 싶지 않아 애써 외면했던 거울이었습니다. 정말 오랜만에 마주한 나의 눈은 금방이라도 눈물이 쏟아질 것 같았습니다.

줌(Zoom)으로 첫 하브루타 강의를 수강한 날의 일입니다. 자격증 과정이니 일방적으로 강의를 들을 줄 알았는데 갑자기 자기소개를 시키시더군요. 몹시 당황스러웠습니다. "안녕하세요, 네 살 두 살 두 아이를…."까지가 기억의 전부입니다. 뿌연 시야에 덜덜 떠는 목소리로 황급히 마무리를 지었어요.

"혹시 몸이 안 좋은가요?"

누군가 내 안부를 물어보기를 기다렸던 걸까요? 강사님의 진심 어린 걱정에 저도 모르게 말이 술술 나왔습니다.

"실은 제가 육아 우울증을 심하게 앓고 있습니다. 대인기피증도 있어서 지금 이 순간도 무릎까지 덜덜 떨립니다. 올해 기관 생활을 시작한 첫째에게 부끄럽지 않은 엄마가 되기 위해 극복하는 중입니다. 부족하지만 폐 끼치지 않겠습니다. 잘 부탁드립니다."

"그랬구나. 그때 정말 힘들지. 어린아이를 둘이나 키우면서 공부할 생각을 하다니 대단하네. 잘 왔어요. 내가 보니까 금방 좋아질 것 같아. 응원할게요!"

사람과 사람이
만나는 세상

그날의 응원은 해가 여러 번 바뀌도록 이어졌습니다. 그리고 점점 넓어졌지요. 하브루타를 공부하며 많은 선생님들을 만났습니다. 가장 어린아이를 키운다는 이유만으로 셀 수 없는 배려와 응원을 받았습니다. 내 생애 이런 적이 있었나 싶을 만큼 벅찼습니다. 그러자 '나도 좋은 사람이 되고 싶다'는 의지가 생기기 시작했습니다.

박상미 작가의 《관계에도 연습이 필요합니다》에는 재미있는 실험이 하나 나오는데요. 미국 매사추세츠주 프레이밍햄이라는 도시에서 진행한 '프레이밍햄 심장 연구'입니다. 5천 명이 넘는 주민들과 가족, 친구 관계까지 엄청난 양의 데이터가 모였는데요. 연구진은 놀라운 사실을 발견했습니다.

바로 비만이 가족과 친구에게 전염된다는 것입니다. 내 친구가 비만해질 경우 45%, 내 친구의 친구가 비만할 경우는 20%, 내 친구의 친구의 친구가 비만할 경우는 10% 확률로 내 몸무게가 늘어날 가능성이 높아진다는 거예요. 이름조차 모르는 사이인데도 말이죠.

물론 반대의 경우도 가능합니다. 내가 다이어트로 성형에 가까울 만큼의 효과를 본다면 그 영향이 주위로 뻗겠지요. 행복도 불행도 모두 전염성이 있습니다.

그러니 나의 상황을 바꾸고 싶다면 일단 자주 어울리는 네트워크를 바꿔 보세요. 우울의 주파수를 끊고 배려와 공감의 주파수와 연결하세요.

나라는 섬
사람이라는 숲

우울이 깊었던 시기, 저는 혼자 섬에서 살았습니다. 코로나19 시기에 19개월 터울의 두 아이를 키우느라 실제로 대부분의 시간을 집에서만 지냈고요. 외출해서도 수많은 사람들과는 동떨어졌다는 생각이 들었습니다. 나는 집에 가도 할 일이 태산이라 머리가 지끈거리는데 저들은 무엇이 그리도 행복한지 궁금했습니다.

그러다 닮고 싶은 사람을 뒤따라 오솔길에 들어섰습니다. 짧은 카톡 하나, 기프티콘에 한 걸음씩 내딛다 보니 어느새 숲 안에 있더군요. 사람이라는 숲. 누워서 읽어주던 그림책을 내려놓고 일부러 사람 냄새를 맡으러 도서관에 갔습니다. 기프티콘 만료 기간이 다가오면 아이들과 카페로 향했습니다. 줌 화면에서 다른 선생님들의 이야기를 들으면서 세월이 지나면 눈물과 상처가 별처럼 빛난다는 걸 배웠습니다.

굴곡진 내 삶도 한 그루의 나무처럼 그들 곁에 섰습니다. 불쑥 튀어나온 부분은 등을 기대기 좋은 밑동이 되고,

제멋대로 굽은 가지는 그림쟁이에게 영감을 주었습니다. 딱따구리처럼 시끄럽던 아이들 소리가 잦아들고 비로소 아이들에게 둥지를 내어주었습니다. 혼자가, 아니었습니다.

10분 마음처방전

끝없이 펼쳐진 바다 위에 덩그러니 떠 있는 작은 섬. 이곳은 어떤 풍경인가요? 울창한 숲일 수도 있고 황량한 모래로 덮여 있을 수도 있죠. 그러나 '고정된 존재'는 아닙니다. 섬을 둘러싼 바다, 불어오는 바람, 머무는 사람들에 의해 끝없이 변하지요. 지금, 이 순간도 마찬가지입니다. 내 삶은 나 혼자가 아니라 내 주변의 환경과 사람들이 함께 만들어갑니다. 나를 찾아오는 사람은 누구인가요? 혹은 어떤 사람을 초대하고 싶나요?

당신을 흔드는 흔적

이해할 수 없는 것을 이해하는 가장 쉽고 위험한 방법은
이해할 수 있는 것만 이해하는 것이다.
-이승우, 《모르는 사람들》

우리 아빠가

가장 좋아하는 색은

어버이날을 앞두고 아이들과 카드를 만들고 있을 때였습니다. 첫째 다정이가 제게 묻더군요. "엄마, 우○균 할아버지가 제일 좋아하는 색은 뭐예요?"

머뭇거리는 저를 보던 아이가 다시 한번 물었어요.

"할아버지가 제일 좋아하는 동물은요?"

여러 마리의 동물을 떠올리다가 결국 이렇게 대답할 수

밖에 없었습니다.

"할아버지께 전화를 해보자."

언젠가 비슷한 질문을 받았습니다.

"너희 아빠 차는 뭐야? 우리 아빠는 그랜저."

그런 이야기를 친구들끼리 스스럼없이 주고받을 때면 아빠가 많이 미웠습니다. 도란도란 마주 앉아 좋아하는 색을 말해본 적 없는 아빠가, 그랜저 아닌 티코라도 함께 타고 동물원에 간 적 없는 아빠가 미웠습니다.

그날 불붙은 듯 화끈거리던 볼을 기억합니다. 그 후로 오랜 시간 마음에 불이 붙은 채 살았어요. 한바탕 엄마에게 혼나고 잠자리에 누운 밤, 누군가가 간절했던 고민의 새벽, 엄마의 중환자실 앞. 아빠의 부재가 느껴지는 날마다 마음이 화르륵 불탔습니다.

안다는 착각의 위험

나는 아빠를 압니다. 아빠는 돈 버는 데 조금도 재능이 없는 사람입니다. 다른 사람이 구슬리면 홀딱 넘어가는 바람에 집이 넘어가기도 했고요. 그런 일을 여러 번 겪어서인지 세상에 불만이 많고 자주 욱했습니다.

나는 아빠를 잘 압니다. 늘 나와 이야기할 때는 목이 앞으로 쑤욱 처졌습니다. 한 달에 한 번 중국집에서 만날 때면 메뉴판을 한참 바라보다가 탕수육과 짜장 두 개 세트를 시키고요. 헤어질 때마다 엄마에게는 너뿐이니 잘 해야 한다는 말을 했습니다.

이승우 작가의 《모르는 사람들》을 읽을 때까지 나는 아빠에 대해서 안다고 믿었습니다. 띄엄띄엄이지만 거의 40년을 알고 지냈으니까요.

그런데 '과연 아빠가 온데간데없이 사라진다면 내가 아빠를 찾을 수 있을까?'라는 물음에 자신 없더라고요. 아빠의 이름과 생일, 휴대전화번호, 혈액형, 가족관계 이외에는 정확히 아는 게 많지 않았습니다. 칠순을 앞둔 아빠는 해마다 눈에 띄게 변했습니다. 눈썹이 희끗희끗하고 가뜩이나 처진 눈이 조금 더 내려갔고요. 어느 날 불현듯 아빠가 사라진다면. 평생 마음의 불을 끄지 못할 거라는 생각이 들었습니다. 다정이를 앞세워 아빠에게 전화를 걸었습니다.

"할아버지가 좋아하는 색은 뭐예요?"

모름을
인정하는 용기

아빠에 대해 잘 모른다고 인정하자 오히려 마음이 편했습니다. 이제부터 알아가야지요. 한 달에 한 번 우리 집에 오시는 아빠와 식사하며 이야기를 나누거나 곁눈질로 훔쳐보면서 본격적으로 아빠를 관찰하기 시작했습니다.

나는 제대로 알게 되었습니다. 아빠가 운영하던 서점이 망한 이유가 큰엄마가 수시로 금전함에서 돈을 훔쳤기 때문이라는 걸 알았습니다. 엄마의 마음이 떠나던 저녁의 사건도요. 혼자 지낸 아빠의 30년도 알았습니다. 아빠는 변함없이 무능했지만 더 이상 마음에 불이 일어나지는 않았습니다. 서른셋의 아빠는 지금의 나보다 어렸고 늘 옳은 선택을 할 수는 없었을 겁니다. 지금의 내가 그렇듯 말이죠.

나는 제대로 보았습니다. 아빠는 골목 끝에서부터 우리를 먼저 알아차리고 입을 헤벌쭉하게 벌리며 걸어왔습니다. 아빠는 더운 여름 우리 집에서 에어컨이나 선풍기를 켜거나 샤워를 하는 것조차 조심스러워했습니다. 아빠는 누룽지를 좋아한다며 늘 식구들의 밥을 푸고 남은 압력밥솥을 끌어안고 앉았습니다.

그리고 아빠는 유난히 아이들에게 쩔쩔맸습니다. 땀을 뻘뻘 흘리면서도 15kg이 훌쩍 넘는 아이를 안고 다녔습니다. 평소에는 우리 부부가 일찍 출근해서 교실에 둘만 있었던 게 마음 쓰인다며 아빠가 등원을 돕는 날이면 무조건 꼴

찌로 들여보냈습니다.

그런 아빠가 가장 큰소리를 치는 건 남편이었습니다. 남편과 함께 있을 때면 군대나 옛날 종로의 맛집, 갈비탕의 변천사 이야기들을 늘어놓았습니다. 아빠는 남편에게 아이들 자랑을 했습니다. 다정이가 혼자 한글을 깨우치고 다감이가 세밀하게 손가락을 다섯 개를 그린다고요. 그 말 끝에 항상 덧붙였습니다.

"애들이 제 엄마를 닮아서 그래. 예지가 어려서부터 똑똑했거든."

어쩌면 아빠는 평생 내 자랑을 했을지도 모르겠습니다. 내가 없는 곳에서요. 혼자 있는 나를 향해 늘 마음을 보내고 있었을 수도 있습니다. 내가 아빠를 유심히 지켜보는 동안, 아빠가 내 인생 곳곳을 다녀갔습니다. 아무도 축하해주지 않던 상장 앞에 앉아 있던 나를, 팔당댐의 세찬 물줄기에 숨어 엉엉 목놓고 울던 나를 다독였습니다. 어느새 마음의 불이 꺼졌습니다. 우리 아빠가 좋아하는 색은 파란색, 우리 아빠가 좋아하는 동물은 코끼리.

10분 마음처방전

부모님은 어떤 사람인가요? 우리는 종종 부모님을 '나를 위한 사람'으로만 기억합니다. 나를 제약하거나 돌보는 존재, 때로는 기대에 미치지 못한 존재로 말이죠. 하지만 그들 역시 나처럼 다양하고 복잡하고 삶을 살아온 사람입니다. 오늘은 부모님을 하나의 '존재'로 관찰하고 기록해보세요. 평가나 판단하지 말고요. 미처 몰랐던 마음을 마주할 수 있을 거예요.

기울어지지 않은 세상에서 살고 있나요?

어떤 것이 옳은 감정인지 한 가지를 결정하고 싶은 마음 자체를
내려놓는 것이 오히려 내 감정에 솔직하게 다가가는 방법이다.
-정우열,《엄마니까 느끼는 감정》

그 정도인 줄은
몰랐어

얼마 전부터 부쩍 허리가 불편했습니다. 새벽녘 엉치뼈가 찌릿해 잠에서 깨기도 하고 조금만 걸어도 다리가 퉁퉁 붓고요. 호흡이 가슴 얕은 곳에서만 할딱거려서 자주 숨이 찼습니다. 도저히 안 될 것 같아 진료를 받았습니다.

엑스레이 사진은 한눈에 보아도 허리가 왼쪽으로 몹시 휘었습니다. 거의 이등변 삼각형의 빗변 정도로요. 당연히 목과 어깨도 뒤틀려 있었습니다. 오른쪽 골반 위에 아이를 받치고 오른팔로 안은 게 몇 년째이니 어찌 보면 직업병이네요.

분명, 그동안 치료받을 기회가 있었습니다. 하지만 허리뿐만 아니라 치아와 피부, 감기에 걸렸을 때조차 쉽게 병원에 가지 않았습니다.

첫 출산 후 6개월쯤 지났을 때의 기억 때문인데요. 친정집에 다정이를 맡기고 치료받고 오는 길, 골목이 떠나갈 듯한 울음소리와 아이를 안고 어르던 친정 부모님이 시야에 들어왔습니다. 땀에 축축하게 절은 세 사람을 보는 순간, 강한 죄책감이 들었습니다. '내가 조금만 더 참을걸'이라며 후회했지요.

코로나19의 영향도 있었습니다. 두 해 연속 코로나19를 앓은 아이들은 면역력이 낮아 잔병치레가 잦았습니다. 시기상 예민했던 기관에서는 아이들의 컨디션이 조그만 나빠도 바로 연락을 했어요. 유난히 엄마를 찾는 아이들은 음식물 쓰레기만 버리러 다녀와도 맨발로 현관 앞에 서서 기다렸고요. 네, 다 변명입니다. 진짜 이유는 제가 '엄마'라는 페르소나 하나로만 살았기 때문이에요.

나의 페르소나

'페르소나'는 고대 그리스 연극에서 배우들이 썼던 가면입니다. 배우가 왕의 가면을 쓰면 왕이 되고 신하의 가면을 쓰면 신하가 되지요. 가면을 쓰는 동안은 왕 혹은 신하의 역할에 최선을 다하지만 배우의 삶 자체가 변하지는 않습니다. 연극이 끝나면 그는 다시 자신의 삶을 살지요. '배우'도 하나의 페르소나니까요.

시대와 나라도 다르고 배우도 아니지만 저 역시 페르소나를 쓰고 삽니다. 직장에서는 꼼꼼하고 손 빠른 직원, 시댁에서는 속 깊고 살가운 며느리, 엄마에게는 무심한 딸, 남편에게는 왈가닥 20대 여대생으로. 혼자만의 시간에는 본연의 저로 찾지요. 조용히 책을 읽다 꾸벅꾸벅 졸거나 천천히 스트레칭하며 생각 여행을 떠나는, 나만 아는 온전한 저의 모습으로요.

단 하나의 예외는 '엄마'라는 페르소나입니다. 내 안에서 꿈틀거리던 아기를 꺼내 안았기 때문일까요? 아니면 한때는 24시간 내내 벗을 수 없는 가면을 썼기 때문일까요. 아이의 발달 과정이 내 삶의 척도인 듯 분리하기 힘들었습니다. 엄마라는 가면을 벗으면 나는 '나쁜 엄마'라는 착각 속에 살았지요.

틀 밖에서 자라는 아이들

그럼에도 시간은 잘도 흐릅니다. 베란다에서 빨래를 널면 쏜살같이 따라 나오는 아이들도 종종 방문을 닫고 놉니다. 자기가 그림을 그리는 동안 절대 쳐다보지 말라며 엄포를 놓기도 하지요. 일곱 살, 다섯 살. 고 작은 아이들도 수시로 가면을 바꾸어 쓰며 거리를 둡니다. 그리고 그건 건강하게 잘 자라고 있다는 신호입니다. 더 이상 품 안의 아기가 아니라는 뜻이지요.

반면 저는 아이들보다 늦됩니다. 엄마로만 몇 해를 살았어요. 아이들의 식사나 잠자리, 청결을 챙기는 게 의무였지요. 잠깐 짬이 나면 인터넷에서 하원 후 함께 할 놀이나 영양제, 아이들 취향의 옷을 검색했습니다. 잠들기 전에는 육아서를 읽고 아침이면 다시 어제와 같은 하루를 사는 게 제 삶이었습니다.

엄마 또한 하나의 페르소나임을 알았더라면, 무대가 끝나면 가면을 벗었을 겁니다. 메이크업을 지우고 의상을 벗고 편히 쉴 곳으로 돌아갔겠죠. 맛있는 빵을 사 먹고 가끔 친구를 만나 피로를 풀고 아프면 병원에 가서 재충전했을 겁니다. 다시 내일의 무대에 활기차게 오르기 위해서 준비를 했을 거예요.

    지금은 압니다. 아이도 엄마도 틀 밖으로 벗어나면 더 잘 자란다는 사실을요. 퇴근하고 아이들을 만나러 가는 길은 체력적으로 이전보다 훨씬 더 힘들지만 설렙니다. '엄마'라는 페르소나가 쉬는 동안 완충했기 때문이에요. 유치원 정문을 들어설 때면 '무대에 오르는 배우처럼 후회 없는 하루를 보내자'고 장엄하게 결심합니다. 저는 프로니까요.

10분 마음처방전

지금 내가 사용하는 페르소나는 어떤 것들이 있나요? 페르소나별로 사용하는 시간과 그 역할을 할 때 내가 느끼는 감정에 대해서 적어보세요. 유난히 힘든 역할이 있나요? 그것은 역할일 뿐, 나 자신은 아니라는 것을 기억하세요. 그리고 페르소나를 조금이나마 변화할 수 있는 방법을 고민해보세요. 예를 들어 '좋은 엄마'가 페르소나였다면, '좋은'은 빼도 됩니다. 세상의 모든 엄마는 좋은 엄마입니다. 그냥 엄마로 살아도 괜찮아요.

진짜 이야기를 찾는 법

여름이 이토록 더운 것은 우리에게 쉬어갈 명분을 만들어주려고.
무리하지 않는 법과 휴식의 자세를 가르쳐주려고.
-김신지,《제철 행복》

모든 것이
느려지는 시간

출근길은 걸어서 15분. 그런데 요즘은 그 길이 구만리 같습니다. 계단을 오를 때면 발바닥에 온 세상이 달라붙은 듯 무겁고요. 아침부터 쨍쨍하게 내리쬐는 햇볕에 팔이 따끔거립니다. 덥디더운 여름입니다.

예년 평균 기온보다 2도나 웃도는 올해, 아이스크림 판매량도 수박 가격도 최고치를 찍었습니다. 실내에 들어설 때마다 냉방기기 전원을 켜는 게 급선무고요.

퇴근하면서 아이들의 가방까지 들고 집에 돌아오면 온몸의 땀구멍이 열려 한참 동안 땀을 줄줄 흘립니다. '어서 씻고 시원한 방바닥에 등을 대고 누워야겠다'라는 생각이 간절하지요.

남편이 야근하는 날에는 오이지와 마른 멸치 등 간단한 밑반찬으로 저녁을 해결합니다. 설거지통에 그릇을 담그고 불리는 동안, 아이들 옆에 가만히 앉습니다. 쫑알쫑알 쉬지 않고 떠들며 그림을 그리는 다정이와 집중해서 입술을 쭈욱 내민 채 가위질하는 다감이. 아, 시원하고 무탈한 이곳이 천국입니다.

시곗바늘도 뒤꿈치를 들고 살금살금 걷는 시간, 비로소 아이들을 살뜰히 관찰합니다. 다감이의 까맣게 탄 팔에는 작년에 심하게 올라왔던 아토피 자국이 하얀 얼룩으로 남아 있고요.

다정이의 콧잔등에는 못 보던 작은 상처가 하나 있습니다. 다정이에게 물어보니 친구와 놀다가 부딪쳤다네요. 예전에는 작은 사건도 힘들어했는데 그사이 견디는 힘이 제법 강해졌습니다.

디테일을 보는 힘

매일 보는 아이들도 일상을 멈추고 꼼꼼히 봐야 아이의 성장이 실감 날 때가 있습니다. 책도 마찬가지입니다. 똑같이 그림책 한 권을 읽지만 누군가는 5분 만에 글자만 쭉쭉 읽고 끝내고, 누군가는 그림을 세세하게 관찰하고 질문과 이야기를 만들어가며 한 시간을 읽는 차이. 그게 바로 하브루타의 매력입니다.

안녕달 작가의 《할머니의 여름 휴가》를 예로 들어볼까요? 책의 내용은 손자가 선물로 준 소라 속으로 들어가 바다 여행을 한 할머니 이야기입니다. 하지만 그림을 꼼꼼히 훑고 질문을 만들면 좀 더 풍요로워집니다. 할머니는 어디가 불편해서 더 이상 여행을 다니지 못하는지, 왜 입지도 못하는 수영복을 계속 서랍장에 두었는지, 벽에 걸린 사진 속 할아버지는 언제부터 안 계시는지, 선풍기는 언제 고장 났는지, 할머니가 기억하는 바다는 언제 누구와 갔던 곳이었는지 등의 이야기를 더하지요.

그러다 보면 할머니의 취향과 성격도 짐작할 수 있습니다. 각자의 기억을 덧입히면 그림책 속 할머니가 저마다 다른 입체적인 모습으로 살아나죠. 할머니는 거동이 불편해

바다에 갈 수 없는 우리 엄마를 닮았습니다. 어쩌면 엄마도 우리가 함께했던 언젠가의 여행을 간직하고 싶어서 수영복을 버리지 못하는지도 모르겠어요.

작가가 그림 속에 숨겨 놓은 이야기를 찾고 나의 시선을 덧입히면 책이 더 애틋해집니다. 작가도 작품도 오래 알던 사이 같지요. 아이들도 깊은 이야기를 나누며 읽은 책을 더 자주 찾습니다. 그렇게 추억이 담긴 책들은 시기에 맞지 않아도 차곡차곡 모아둡니다. 아이들을 끌어안았던 그 밤의 온기가 남아 있을 것 같아서요.

작은 것에서 시작하는 글쓰기

글쓰기도 그림책 하브루타와 같습니다. 처음부터 거창하게 생각하면 좀처럼 진도가 나가지 않지요. 작은 장면, 사건, 단어에서 시작하세요. 예를 들어 이 글은 '무더위'라는 단어에서 시작합니다. 저는 무더위에 지쳐 늘어졌던 날, 시원하게 바닥에 누워 아이들과 그림책을 읽은 기억을 떠올리며 글을 썼습니다.

김신지 작가는 무더위를 절기 '대서'와 연결했지요. 처음에는 대서에 관한 정보와 문헌을 조사했을 겁니다. 다양한 정보 중 작가가 생각한 주제와 맥락이 같은 것들을 추린 뒤 작가의 시선을 보태고요. 그렇게 24절기에 대한 글을 한 편 한 편 썼을 겁니다. 모든 절기가 모여 한 권이 됩니다.

대부분의 수강생분들은 반대로 생각합니다. 처음부터 한 권의 책, 한 편의 글을 생각하시지요. 그러면 지레 질려서 좀처럼 시작을 어려워하거나, 글에 너무 많은 생각이 담겨 있어 무슨 내용인지 이해할 수 없기도 합니다. 그럴 때면 저는 이런 말씀을 드립니다.

"하나의 문장에는 하나의 내용만 적으세요. 그리고 한 편의 글에는 하나의 생각만 적으세요."

10분 마음처방전

'무더위'라는 단어에 떠오르는 기억이 있나요? 가족과 함께 갔던 여름 여행, 그룹 쿨의 유행가, 락페스티벌, 지루했던 장마, 휴가지에서 읽었던 책 등 떠오르는 기억 하나를 고르세요. 그리고 하나의 장면에서 시작해 꼬리에 꼬리를 물며 글을 써보세요. 어느새 길어진 글의 분량에 깜짝 놀랄 수도 있답니다.

말하지 않고 마음을 알 수 있을까요?

어떤 말은 일부러 못 들을 척해서 그냥 공중으로 날려버려야 한다.
굳이 민망하게 두 번 세 번 주고받으며 서로의 심경을 확인할
이유가 없다.
-이기주, 《언어의 온도》

내가 사랑하는

당신은

  오늘은 말복. 정점을 찍은 무더위가 가실 줄을 모릅니다. 그러나 그보다 더 뜨거운 것이 있다면 저의 마음일 겁니다. 남편에 대한 제 마음이 이글이글 불타고 있기 때문입니다. 여전히 눈만 마주쳐도 불꽃이 이는 신혼이냐고요? 천만에요. 활화산처럼 타오르는 분노의 불꽃입니다.

  사건의 발단은 3주 전입니다. 남편은 직업상 야근이 잦

고, 예고 없이 늦을 때도 많습니다.

4개월 전부터 '한 주만 더, 오늘까지만'이라며 야근을 이어왔어요. 일이 많아 야근이라면 당연히 이해하지만 직장 내 세력 다툼이 원인일 때도 많아 마음이 편치만은 않더라고요. 새벽에는 도시락 준비, 퇴근 후 아이들 케어, 자정이 지나도록 이어지는 집안일…. 체력적으로도 무척 버거웠습니다.

가장 화나는 건 남편의 태도입니다. 아무 연락 없다가 저녁 밥상을 차릴 때가 되어서야 카톡 한 통으로 야근을 통보했습니다. 오늘 아침에는 다정이가 이렇게 말하더군요.

"아빠, 어제도 그저께도 그 전날에도 늦게 왔지? 엄마 혼자 얼마나 힘들었는 줄 알아?"

남편은 묵묵부답이었습니다. 남편은 바보입니다. 미안하다는 말도 못 하는 바보.

우리는 결혼 서약 대신 도종환 시인의 〈내가 사랑하는 당신은〉을 낭독했습니다. 꽃 피우는 일이 곧 살아가는 일인 콩꽃 팥꽃이었으면 좋겠다고 했더니, 남편은 정말 살아가는 일만 할 심산일까요? 우리 사이가 꽃 피는 봄은 이미 저물고 열매만 키우는 시기인 것 같아 마음이 착잡합니다.

그럼에도
너는 내 운명

그렇다고 부글거리는 마음을 꺼내지는 않습니다. 연애와 결혼의 차이일까요, 아니면 나이가 들었기 때문일까요? 이제는 감정은 짧고 삶은 길다는 이치를 압니다. 서운한 마음이 앞서 상황을 부풀리거나 오래 마음에 남을 생채기는 만들지 않아요. 30년 후에도 지금처럼 남편과 손을 잡고 걷는 일이 익숙한 부부이길 바랍니다. 그러기 위해서는 나쁜 기억을 쌓지 않는 게 중요합니다.

'시간 선호'를 아시나요? 투자에 관심이 있는 분이라면 들어본 적 있으실 거예요. 시간 선호란, 현재의 만족을 미래의 만족보다 더 높게 여기는 개념입니다. 흔히 소비 습관을 말할 때 사용하지요. 누구나 머리로는 은퇴 후를 위해 현재의 수입에서 일부를 떼어 저축해야 하는 것을 압니다. 하지만 지금 갖고 싶은 물건, 가고 싶은 장소, 먹고 싶은 음식이 더 크게 작용하는 게 바로 시간 선호입니다.

저는 관계도 마찬가지라고 생각합니다. 왜 속상하지 않겠어요. 마음에 꾹꾹 담아두기보다는 후루룩 내뱉어 속 시원하고 싶습니다. 하지만 순간의 감정을 쉽게 내뱉으면 후회가 찾아오더군요. '그 말까지는 하지 말아야 했는데. 그게 내 본심은 아닌데'라는 생각에 잠 못 이루고요. 감정을 다스리지 못하면 은퇴 후 마주하는 텅 빈 잔고처럼 속이 빈 관계에 마음이 스산할 것 같았습니다.

내가 정말
하고 싶었던 말은

당연히 모든 감정을 꾹 참아야 하는 건 아닙니다. 스트레스는 만병의 근원인걸요. 다만 순간의 감정이 부풀린 말과 진짜 해야 하는 말을 가릴 필요는 있습니다. 말을 구분하는 방법으로 '적기'를 추천합니다. 저는 남편에게 하고 싶은 말을 먼저 메모장에 적습니다. 감정대로 우다다 쓴 다음 다시 읽으며 남길 말과 지울 말을 나눕니다. 그리고 내가 진짜 하고 싶은 말만 복사해서 채팅방으로 옮기지요.

누군가는 그리 힘들게 살아야 하느냐고 반문할지도 모릅니다. 하지만 제 생각은 다릅니다. 남들에게는 그저 세상 사람 중 한 명이지만 제게는 하나뿐인 남편인걸요. 아끼는 관계는 스마트폰에 보호필름을 붙이고 케이스를 씌우는 것처럼 정성이 필요합니다.

눈치채셨을까요? 사실 이건 남편을 위한 행동이 아닙니다. 저를 위한 거지요. 하루를 돌아볼 때 후회를 줄이고 소중한 관계가 소원해지지 않도록 딱 붙여놓는 방법이요. 모든 습관이 그렇듯 반복하면 나도 모르는 사이에 말과 감정을 거르는 능력이 강해질 거라고 믿습니다. 앗, 남편에게 카톡이 왔습니다. 오늘 저녁에 치킨을 사 온다네요. 고생 많이 시켜서 미안하다는 말도 함께요. 남편이 텔레파시를 들은 걸까요?

10분 마음처방전

말 대신 내 마음을 전달하는 방법은 무엇이 있을까요? 고맙고 예쁜 마음이라면 좋아하는 음식 함께 먹기, 머리카락 쓸어 넘기기, 궁둥이 툭툭 두드리기, 어깨 안마하기 등이 있습니다. 화난 마음은 냉장고 문 쾅 닫기, 요란하게 덜그럭거리며 설거지하기 등이 있고요. 미안한 마음을 담아 슬그머니 손을 잡을 수도 있지요. 누구에게 어떤 마음을 전하고 싶은지 생각해보세요. 다듬고 다듬어 전하고 싶은 한마디도요.

가장 가까운 현자를 찾아서

매일 고독하게 앉아 있는 시간을 가지렴. 생각을 정리하고,
내면의 목소리를 듣고, 침묵 속에서 네가 원하는 것들에 집중해야
한단다. 초점을 좁히지 못한다면, 평범하고 시끄러운 나날들을
보내면서 네가 가진 잠재력을 영원히 흘려보내게 될 거다.
-존 소포릭, 《부자의 언어》

감정의
그림자

며칠 전 저녁의 일입니다. 식탁 위에는 아직 다듬지 못한 채소와 식기가 뒤섞여 있었습니다. 다정한 노을도 분주한 저에게는 닿지 못했죠. 그때 거실 책상에서 디폼 블록을 맞추던 다정이가 도움을 요청했습니다.

"엄마, 이게 잘 안 돼."

이런저런 조언을 했지만 아이는 징징거렸습니다. 순간,

끓어오르는 감정을 참지 못하고 아이에게 버럭 화를 내고 말았습니다.

"네가 좀 해봐! 엄마 지금 바쁘잖아!"

순간 다정이의 눈이 커지더니 이내 실망과 서운함이 가득 찼습니다. 아차 싶었습니다. 작은 일에도 쉽게 상처받는 여린 아이라는 걸 깜빡 잊었어요. 사실 아이의 요청은 아주 사소한 것이었습니다. 웃으면서 대처할 수 있었지요. 저녁 식사 후로 미룬 뒤, 다른 일을 권할 수도 있었습니다. 그러나 피곤한 나머지 가장 사랑하는 사람에게 상처를 주고 말았지요.

영화 〈달콤한 인생〉은 '무릇, 움직이는 것은 나뭇가지도 아니고 바람도 아니며 네 마음뿐이다'라는 내레이션으로 시작합니다. 살면서 만나는 많은 문제는 거대한 사건에서 일어나지 않습니다. 다스리지 못한 작은 감정에서 비롯되지요. 감정은 내면의 솔직한 신호이기도 하지만 동시에 객관적인 시야를 가리는 짙은 안개입니다.

내면의 거울

존 소포릭의 저서 《부자의 언어》에는 주인공의 흥미

로운 습관이 등장합니다. 자신의 가장 중요한 스승과 매일 한 시간씩 대화하는 것인데요. 스승은 바로 '이성'입니다. 그는 이성을 별도의 인격체로 여기며 자신의 고민과 문제에 대해 질문하고 답을 구합니다. 대화를 통해 주인공은 상황을 객관적으로 분석하며 합리적인 해답을 찾지요.

  이 과정은 단순한 문제를 해결을 넘어 자신을 온전히 이해하는 깊은 통찰로 이어집니다. 이것이 바로 '메타인지'입니다. 메타인지란 '나의 생각을 생각하는 능력'을 말하는데요. 내가 위에서 나를 내려다보는 것처럼 객관적으로 바라보고 스스로에게 질문하며 올바른 판단과 해결책을 찾는 과정입니다.

  메타인지가 중요한 이유는 객관적인 판단이 모든 문제 해결의 출발점이기 때문입니다. 생각과 감정의 오류를 인식하지 못한 채 무작정 문제 해결로 뛰어든다면 마치 눈을 감고 길을 걷는 것과 같습니다. 특히 요즘처럼 수많은 정보와 관계 속에서 중심을 잘 잡으려면 메타인지가 반드시 필요하지요.

  메타인지를 키우는 가장 쉬운 방법은 하브루타입니다. 서로 질문을 주고받고 상대의 생각을 경청하며 자신의 생각을 논리적으로 펼치는 과정 속에서 깊이 있는 사고 능력이 향상됩니다. 《부자의 언어》의 주인공처럼 매일 이성과 하브루타한다면 혼자서도 충분히 감정의 파도에 동요하지 않는 법을 터득할 수 있습니다.

평온한 삶

우리는 종종 자신의 감정과 상황을 동일시하는 실수를 저지릅니다. 슬픔을 느끼면 '슬픈 사람'이 되고 분노를 느끼면 '화난 사람'이 되지요. 하지만 메타인지를 통해 감정을 객관적으로 바라보면 이 둘을 분리할 수 있습니다. '나는 지금 슬프지만 그렇다고 내 인생 전체가 슬픈 건 아니다'라고 말이죠.

단순하지만 결과의 차이는 꽤 큰데요. 먼저 상황을 올바로 바라볼 수 있습니다. 예를 들어 남편과의 갈등 상황에서 감정이 앞서면 '그는 내가 싫은가 봐'라는 잘못된 판단으로 감정 싸움을 반복합니다. 하지만 한 발자국 뒤로 물러나면 '서로의 방식이 달라서 오해가 생겼구나'라며 본질을 제대로 파악할 수 있지요. 문제를 정확히 진단하면 올바른 해결책이 저절로 따라옵니다.

다음으로는 차분함을 유지할 수 있습니다. 차분함은 폭풍 속에서도 등대를 찾도록 돕습니다. 감정이 격양되면 시야가 좁아져 하나의 문제에만 매몰되지만 차분한 상태에서는 여러 가능성을 동시에 고려하여 최선을 길을 찾습니다. 위기 속에서 침착함을 유지하는 사람이 신뢰를 받는 이유이기도 하지요. 감정을 덜어내고 상황의 본질을 파악하는 연습은 여러분을 평온하고 성장하는 삶으로 이끌 겁니다.

10분 마음처방전

이제 가장 가까운 현자가 누구인지 아시겠지요? 그렇다면 매일 이성과 대화할 수 있는 구체적인 방법은 무엇이 있을까요? 저는 '모닝페이지'를 추천합니다. 모닝페이지는 줄리아 카메론(Julia Cameron)이 저서《아티스트 웨이(The Artists Way)》에서 소개한 방법인데요. 새벽에 일어나자마자 의식의 흐름대로 생각나는 모든 것을 손글씨로 적는 것입니다. '무슨 내용을 쓸까?'라는 고민이나 문법, 맞춤법은 모두 잊고요. 오직 내면의 목소리에만 귀 기울이세요. 때로는 횡설수설하고 불평불만으로 가득한 글이 나오더라도 판단하지 말고 계속 쓰세요. 모닝페이지는 글이 아닌 마음 훈련입니다.

아가, 엄마는

행복에는 절대의 타이밍이란 게 있다. 누군가를 사랑할 때도,
결혼을 할 때도, 아이를 가질 때도 그렇다. 조금만 더 빨랐거나
조금만 더 늦었어도 그토록 행복하지 못했을 순간들이 있다.
- 이어령,《딸에게 보내는 굿나잇 키스》

기대고 싶은
한 사람

유난히 한 사람에게만 자꾸 부끄러운 모습을 보인 경험이 있나요? 저는 둘째 다감이에게 그랬습니다. 미안하게도 자궁에 피가 고였던 임신 초기의 2주를 제외하고는 다감이를 우선순위에 둔 적이 거의 없습니다.

다감이의 임신을 확인한 날, 산부인과 선생님은 첫 번째 임신 때보다 더 빨리 쓰러질 가능성이 높다고 하셨습니다.

첫째 다정이가 정신을 잃은 제 모습만 기억하지 않도록 좋은 추억을 많이 쌓고 싶었습니다. 그래서 매일 오늘이 마지막인 듯 온 힘을 다해 놀았지요.

코로나19 시기에 태어난 다감이를 처음 안아본 건 산부인과 퇴원 절차를 밟고 난 후입니다. 그 후에도 다정이가 혹시나 텃세를 부릴세라 몰래 눈을 맞추고 볼을 쓰다듬었지요. 그 찰나의 순간도 좋아하며 방실방실 웃는 모습에 마음이 짠했습니다.

그 이후부터 환청이 들리던 순간까지는 다감이에 대한 기억이 거의 없습니다. 행여나 아이에게 좋지 않은 모습을 보일까 봐 두려워 서둘러 어린이집에 보낸 게, 8개월 무렵입니다.

다정이의 틱 증상, 내사시 수술, 셋째의 유산. 그 후로도 수많은 이유 앞에서 다감이의 이해를 바랐습니다. 그래도 괜찮을 것만 같았습니다. 혼자서 뒤집고 걷고 야무지게 국그릇을 들어 벌컥벌컥 마시는 모습에 마음을 의지했어요. 누운 아이의 팔을 베고 쌕쌕 숨소리를 듣노라면 자꾸 기대고 싶었습니다. 고작 돌쟁이 아기였는데.

보이고 싶지 않은 나의 밑바닥

그때 저는 키즈 카페 안이었습니다. 평일 오전, 다정이의 대학병원 안과 검진을 마친 뒤였죠. 한적한 공간이라 마음 놓고 아이들을 풀어놓은 후 이어령 선생님의 책을 펼쳤습니다.

'민아야' 한마디에 후두둑 눈물이 떨어졌습니다. 내가 민아도 아닌데. 깨지 않는 잠을 자는 아이가 있는 것도 아닌데. 애써 몇 줄을 내려가다가 도저히 안 되겠어서 책을 덮었습니다. 재빨리 화장실로 뛰어가 엉엉 목 놓아 울었습니다. 몇 번인지 짐작조차 할 수 없습니다. 새로 산 잠옷을 아빠에게 자랑하려던 민아처럼, 아빠의 무심함에 시무룩하게 돌아섰던 민아처럼, 내 아이가 속상했을 날들이.

눈물을 닦고 세면대 거울을 마주 보았습니다. 다감이에게 자주 했던 말을 읊조렸습니다. "엄마 바빠.", "들어오지 말라고 했지.", "이거 누가 그랬어?" 나조차도 본 적 없는 표정이 거울에 비쳤습니다. 내 아이에게는 더더욱 보여주고 싶지 않은 얼굴. 진짜 나의 밑바닥을 아는 건 내가 아니라 아이들일지도 모릅니다.

그날 밤, 잠자리에 누워 아이에게 마음을 고백했습니다.

"사람은 누구나 실수할 수 있잖아. 엄마도 똑같다? 엄마도 '이러면 안 되는데…'라고 생각하면서 잘못할 때가 있어."

"왜애?"

"엄마도 아직 크는 중이라서 그래. 더 좋은 어른으로 자라고 있거든."

잠자코 듣던 다감이가 태연하게 말했습니다.

"엄마, 우리 고마운 일 말할래? 나는 오늘 엄마한테 너~무 고마웠어. 왜냐하면 엄마가 날 사랑하기 때문이야."

이제
울어도 된다

더 이상 다감이에게 양해를 구하지 않겠다고 다짐한 뒤, 의젓했던 다감이가 투정을 부리기 시작했습니다.

"엄마, 언니가 파란색 사인펜을 쓰고 있어. 내가 쓰려고 했는데."

"엄마, 나 오늘 속상한 일이 있었어. 메이지가 나랑 안 논대."

그럴 때면 나는 두 팔을 벌렸습니다. 그러면 아이는 냉큼 무릎 위에 올라와 품에 안긴 채 마음을 가라앉혔습니다. 드디어 자리를 찾았습니다. 다섯 살 다감이의 자리를요.

그래도 다감이에게 미안함이 남았습니다. 돌 이전의 다감이 모습을 기억하지 못하는 못난 엄마라 마음이 무거웠습니다. 그러던 어느 날, 휴대폰 사진첩을 옮기다 뜻밖의 영상들을 발견했습니다. 다감이가 처음 뒤집기 하던 날, 이유식 먹는 날, 씻기 싫다며 떼를 쓰는 날, 뒤뚱뒤뚱 걷던 날. 영상 속에는 다감이를 격려하고 칭찬하는 내 목소리가 담겨 있었습니다. 나도 모르는 사이에 본능처럼 엄마의 역할을 하고 있었습니다.

그날 이후 과거의 나를 용서하기로 했습니다. 후회에서 벗어나지 못하는 나의 손을 잡아 현재로 데리고 왔어요. 나도 다감이도 후련한 마음으로 미래로 나아가길 바랍니다. 살아 있길 잘했습니다. 살아내길 잘했습니다. 우리에게 셀 수 없을 만큼의 기회가 남아 있음에 감사합니다. 고마워, 귀여운 나의 민아.

10분 마음처방전

내가 아이였을 때, 혹은 아이와의 일화 중 기억에 남는 장면이 있나요? 다시 그때로 돌아간다면 어떤 말이나 행동을 하고 싶나요? 누군가는 따뜻한 햇살 아래 뛰놀던 순간을, 또 다른 이는 아이의 눈물을 닦아주던 밤을 떠올릴지도 모릅니다. 그때의 나 혹은 아이에게 하고 싶은 말을 적은 후 온 마음을 다해 끌어안으세요. 가벼운 마음으로 나를 좀 더 다정하게 대할 수 있을 거예요.

5.

내 삶에서
한 걸음,
또 한 걸음

내 인생의 바람개비가 돌 때

이쯤 되면 많은 사람들이 궁금할 것이다. 어떻게 해야 개소리하는
이들에게 휘둘리지 않을지. 특별한 방법이 있는지 말이다.
여기에는 굉장히 명확한 답이 있다. 행복이다.
정확히 말하면 행복한 사람은 절대 개소리에 당하지 않는다.
-김경일,《적정한 삶》

불안과 혼돈이
내 삶에 노크할 때

저는 매일 아침 여섯 시에 눈을 뜹니다. 가장 먼저 하는 건 땅콩 모양 마사지 볼을 뒷목에 끼우는 일. 뻣뻣한 목을 쭈욱 늘이고 발가락도 쫙쫙 벌립니다. 발목, 골반, 허리를 차례로 풀고서야 침대에서 몸을 일으키지요. 올리브오일과 레몬즙, 유산균, 미지근한 물 한 잔. 식탁에서 잠시 책을 읽으면 첫째 다정이가 부스스한 얼굴로 품에 안깁니다.

그 후로는 여느 집과 마찬가지로 소란스러운 아침입니다. 부랴부랴 도시락을 싸고 아침밥을 차리고 출근 준비를 마치고 직장에 도착합니다. 그러고 나서 막간의 틈을 타 감사일기 세 줄을 적고 모니터 앞에 붙여둔 아우렐리우스의 《명상록》을 소리 내어 읽습니다.

> 오늘 내가 만날 사람들은 내 일에 간섭할 것이고, 고마워할 줄 모를 것이며, 거만하고, 정직하지 않고, 질투심 많고, 무례할 것이다. 하지만 그들 중 누구도 나를 해칠 수 없다.

여기까지가 제가 매일 입는 행복 방탄복입니다. 한 번 앓았던 무릎이 비 오는 날마다 시큰한 것처럼, 우울과 불안은 여전히 수시로 저를 찾습니다. 자꾸 마음이 나약해지지요. 그럴수록 이 아침 루틴을 사수합니다. 다시는 내 삶의 주도권을 빼앗기지 않도록.

도처에 널려 있는 개소리

김경일 작가는 그의 저서 《적정한 삶》에서 '개소리에 휘둘리지 말라'고 말합니다. 여기서 개소리란, 마음을 흔드는 타인의 무책임한 말을 뜻합니다. 예를 들면 "다른 사람들은 다 잘하는데 너만 왜 그래?"와 같은 근거 없는 비교와 평가, "마음만 먹으면 다 할 수 있어."라는 피상적인 충고처럼요. "넌 원래 그런 애잖아."라는 무심한 규정이나 "다 그렇게 살아."처럼 해결책이 없는 말도 마찬가지입니다.

우리는 무방비한 상태에서 직장이나 가족, 또는 지인에게 개소리를 듣습니다. 굳이 신경 쓰지 않으려 외면해도 개소리는 차곡차곡 쌓입니다. 그러다가 느닷없이 툭 튀어나오죠. 잠들기 전에 하루를 곱씹을 때나 사소한 실패 앞에서. 때로는 나 자신을 책망하며 내뱉기도 하고요.

상처받는 것도 모자라 심지어 스스로를 괴롭히다니요. 개소리에 휘둘리지 않으려면 먼저 개소리를 분별할 줄 알아야 합니다. 상대의 말에 근거가 있는지, 상황 개선에 도움이 되는지 확인해보세요. 같은 성분의 약도 개개인마다 효과의 차이가 있듯 같은 말이라도 나에게 해당하지 않으면 개소리입니다.

개소리에
휘둘리지 않기

개소리에 타격을 입지 않으려면 어떻게 해야 할까요?

나만의 견고한 기준이 필요합니다. 감정은 절댓값이 아닙니다. '연봉 5,000만 원, 38평 자가, 혈압 정상'인 모든 사람이 행복하진 않죠. '무직, 월세, 고혈압 초기'인 모든 사람이 불행하지도 않고요. 조건에 상관없이 내가 행복을 느끼는 균형점을 찾아야 합니다.

저는 사소한 습관들을 쌓아서 균형을 맞춥니다. 양팔저울에 돌을 하나씩 올리는 것처럼요. 저의 몸과 마음을 깨우는 작은 루틴들이 개소리보다 많으면 무게추는 100% 행복으로 기웁니다. 통계적으로도 큰 목표를 달성한 경우보다 작고 사소한 성취를 자주 느끼는 사람이 더 행복하게 살고 있다고 응답합니다.

루틴을 만들기 어렵다면 아침에 할 수 있는 간단한 일부터 시작하세요. 심리학적으로 아침은 하루 중 '의지력 자원'이 가장 충만한 시간입니다. 이때 자신이 통제할 수 있는 작은 행동을 의식적으로 실행하면 무의식에 '나는 내 삶을 스스로 이끈다'라는 메시지가 새겨집니다. 저는 마음이 흔들리는 날 아침, 루틴을 하나씩 하면서 스스로에게 이런 말을 건넵니다.

"비록 어제의 결과가 기대에 못 미쳤어도 그건 어제일 뿐이야. 오늘은 새 페이지의 시작이지. 속상한 일을 겪어도 괜찮아. 그게 인생이잖아. 감사하고 행복한 일도 분명 함께 있을 거야. 어려운 일이 다가와도 괜찮아. 나는 그 일을 해결할 힘이 있거든."

개소리에 지지 마세요. 당신은 이미 당신답게 빛나고 있습니다. 남들의 기준에 맞출 필요 없어요.

10분 마음처방전

아침에 할 수 있는 간단한 루틴은 어떤 것들이 있을까요? 이불 개기, 미지근한 물 한 잔 마시기, 창문 열어 환기 시키기, 쭈욱 기지개 켜기. 이렇게 내가 100% 해낼 수 있는 일 중에서 세 개~다섯 개를 정하세요. 이불을 개는 행위는 '정돈을 잘하는 사람'이라는 자기 확신, 물 한 잔 마시는 습관은 '내 몸을 챙긴다'는 자기 존중으로 확장됩니다. 하루를 시작하는 긍정의 첫 단추를 끼우면 이후의 선택도 긍정의 파장이 일지요. 인생의 바람개비가 돌 때, 나 스스로 바람을 만들어보세요. 여러분이 꿈꾸는 삶이 순풍을 타고 속도를 낼 거예요.

밤하늘의 별처럼 반짝이는 꿈이 있나요?

> 좋은 흐름이 온다 해도 부정적인 감정으로 스스로를 가라앉힌다면,
> 결코 그 흐름을 탈 수 없는 법이니까요.
> - 이서윤, 《더 해빙》

아이고
죽겠다

아이들과 막 잘 준비를 하던 참이었습니다. 저는 아이들과 매일 잠자리 독서를 하는데요. 만 3세 둘째가 책을 한 권 들고 침대 위로 올라가더니 "아이고, 아이고." 소리를 내면서 눕는 게 아니겠어요? 할머니가 키우는 아이도 아닌데 왜 저러나 싶어 웃기더라고요. 그런데 그 모습을 본 첫째도 함께 드러누우며 "아이고, 죽겠다." 하고 말했습니다.

순간 정신이 아득했습니다. 그리고 깨달았습니다. 제가 침대에 누울 때마다 입버릇처럼 하는 말이라는 걸요. 아이들의 정서를 기른다며 매일 그림책을 읽어주면서 실생활에서는 죽겠다는 말을 했습니다. 맞습니다. 저는 밑 빠진 독에 물을 부으며 살았습니다. 붓는 물이 아무리 깨끗한들 무슨 소용입니까. 밑에서 줄줄 새고 있는데.

다음 날, 전자레인지 위에 종이와 펜을 올려놓았습니다. 그리고 무의식중에 내뱉는 말들을 적었어요. '힘들어, 죽겠다, 아프다, 그만하고 싶다, 왜 나만, 행복하지 않다' 등등. 생각보다 부정적인 말을 상당히 많이 하더군요. 문득 초등학생 때 했던 콩나물 실험이 떠올랐습니다. 같은 교실, 같은 선반 위에서 혼자만 암막을 두르고 있던 내 콩나물만 푸르스름했습니다. 25년 후, 부정어의 암막에 갇힌 내가 새파랗게 질려 있었습니다.

내 운을
만드는 건

부정적인 말을 쓰지 않겠다고 결심하니 문제가 더 커졌습니다. 말을 거르려다 보니 생각하는 모든 말을 인식한 거예요. 빙산의 전체를 발견하듯 자기 비난과 신세 한탄의 거대한 형태가 드러났습니다. 너무도 듣기 싫었던 엄마의 비난. 그걸 스스로에게 퍼붓고 있었습니다. 온 세상의 행복이 조금도 제 몸에 닿지 않도록 막는 것처럼 말이죠.

이서윤 작가는 《더 해빙》에서 우리가 매 순간 느끼는 감정의 진동수가 운을 결정하는 가장 강력한 에너지라고 말합니다. 예를 들어 돈을 쓸 때마다 두려움과 불안을 느끼면 돈이라는 우주에 빨간 불이 뜨고 행운이 달아납니다. 반면 돈이 있음에 감사하며 사용하면 안락함이 우주까지 퍼져 초록불을 켜지요. 돈뿐만 아니라 관계, 시간, 일상 모든 선택이 마찬가지입니다. 감정의 신호등은 운을 관리하는 실마리입니다.

'불안과 결핍의 에너지는 결코 좋은 운을 불러오지 못한다'는 구절을 읽는 순간, 얼마 전 남편이 건넨 말이 떠올랐습니다. 그 무렵 저는 관계와 인생에 대한 고민을 풀기 위해 《주역》을 공부하고 싶었습니다. 그래서 도서관에 들러 《주역》 입문서를 대여했지요. 그리고 노트를 펼쳤습니다. 한 장에 하나씩 8괘를 정리하며 공부하는 저에게 남편이 말하더군요.

"당신 그거, 취미인 거지? 너무 열심히 할 필요는 없어."

'너무 열심히'는 제 삶의 방식입니다. 과제나 업무, 심지어 빨래와 화장실 청소까지 열심히 하지 않는 일이 없습니다. 일을 처리할 때는 제가 부족하다는 전제를 깔고 더 열심히 하고 집안일을 할 때는 나태하고 게으른 순간을 떠올리며 벌을 받듯 뻘뻘 땀 흘리며 치웁니다. 안간힘을 쓰는 마음이 늘 아등바등 살도록 만든 걸까요?

'있음'에 집중

삶의 방향을 바꾸고 싶었습니다. 그래서 '해빙(Having) 노트'를 쓰기 시작했어요. 해빙 노트란 지금 내가 가진 것과 그로 인해 발생한 좋은 감정을 적는 것인데요. 예를 들어 '따뜻한 차 한 잔 덕분에 안락함을 느꼈다. 정시에 도착한 지하철 덕분에 차질 없이 일정을 소화해 마음이 편안했다'처럼 말이죠. 매일 쓰지 않아도 됩니다. 일주일에 3~4일, 한두 줄이면 충분합니다. '충만한 감정'을 기록한 뒤로 속절없이 텅 빈 마음을 바라보는 일이 사라졌습니다.

사소한 감사는 일상에서도 찾기 쉬웠습니다. 배달 음식 대신 크림치즈를 바른 현미 뻥튀기를 먹을 때는 건강한 선택에 감사했고, 아이들의 옷소매가 짧아져 쇼핑해야 할 때는 시댁에서 도착한 쌀 포대에 감사했습니다. 그러자 딱딱 때맞춰 바뀌는 초록 신호등을 만난 날처럼 운 좋은 하루를 보내 기분 좋았습니다.

부정적인 감정을 벗기 위한 두 번째 노력은 'NOW and HERE'입니다. 과거의 선택과 실수에서 벗어나지 못하고 미래에 대해 지나치게 많이 고민하는 습관을 끊어내고자 고안한 방법인데요. 이미 일어난 일은 돌이킬 수 없고 내일의 일은 오늘의 씨앗에서 자라남을 스스로에게 상기시켰습니다. 내가 사는 곳은 '지금, 그리고 여기' 여기에만 딱 발붙이려 마음을 다잡았습니다.

그러자 가족들의 눈동자를 똑바로 바라볼 수 있었습니다. 때때로 눈물이 흐를까 봐 허공을 응시하고 화풀이를 할까 봐 애써 외면했던 가족들의 눈입니다. 그러자 보이기 시작했습니다. 그들의 눈동자에 비친 제 모습이요. 여기, 지금. 내가 살고 있습니다. 감사한 일입니다.

10분 마음처방전

나를 채우고 있는 것은 무엇인가요? 해빙 노트는 감정의 초점을 결핍에서 충만으로 바꾸는 도구입니다. 먼저 하루를 돌아보며 내가 가지고 있는 것을 범주별로 떠올려보세요. 따뜻한 옷, 커피, 노트북 같은 물질이나 주위 사람, 경험, 날씨와 집 같은 환경을요. 그다음에는 감정을 생생히 살려서 구체적으로 적어보세요. '편안했다, 안락했다, 충만했다, 든든했다, 따뜻했다' 등 감정 언어를 사용합니다. 단순히 좋은 일을 나열하는 게 아니라 감정을 진짜 느껴야 합니다. 그 감정이 온 우주에 초록불을 켤 거예요.

당신의 담벼락 아래에서는

인간이 자립한다는 것은 스스로 삶의 목적을 찾아가는
능력을 갖는다는 것이다.
-전미경,《나를 아프게 하지 않는다》

**틈만
나면**

처음 글쓰기 수업을 구상할 때는 육아맘을 돕고 싶었습니다. 환청이 들리던 그날의 나처럼, 작은 바람에도 휘청이는 마음을 옆에서 다잡아드리고 싶었어요. 하지만 실제 수강생분들의 연령대는 생각보다 더 높았습니다. 청소년기 아이들을 양육하거나 격대 육아를 하시는 중장년층이 훨씬 많았거든요.

처음에는 참 어렵더군요. 제가 감히 선생의 자리에 서도 될지 자신이 없었죠. 챗GPT나 키오스크 사용법을 가르쳐 드렸다면 차라리 쉬웠을 겁니다. 하브루타와 글쓰기는 인생 깊숙이 닿아 있는 일이라 더욱 조심스러웠습니다. 그러나 오히려 저를 다독이고 열정적으로 배우시는 선생님들 덕분에 해가 바뀌도록 만남을 이어갔습니다.

예순을 앞둔 선생님들께는 배울 점이 참 많았습니다. 운동과 식단 관리를 꾸준히 하시는 것도 타인을 위하는 마음도요. 그중 가장 본받고 싶은 건 열정이었습니다. 선생님들께서는 바쁜 일정에도 늘 새로운 걸 익히셨어요. 학회에 다니고 외국어와 다도도 배우시고요. 시간을 쪼개며 점점 영역을 넓히시는 모습에 이순옥 작가의 그림책 《틈만 나면》이 떠올랐습니다.

《틈만 나면》에는 작은 틈새에서 자라는 다양한 식물이 등장합니다. 보도블록의 작은 틈에서 피어나는 민들레, 하수도 구멍에 싹을 틔운 풀꽃, 담벼락을 타고 올라 철조망을 넘는 담쟁이. 작은 틈을 비집고 자리를 꿰차는 모습이 당차고 요망하지요. 한 장 한 장 넘길수록 온 마음을 다해 응원하게 됩니다. '그래, 더 올라가. 힘차게 더 뻗어. 할 수 있어. 벽을 넘어 봐'

당신이라는
꽃
―

작고 작은 것들에 마음이 떨린 건 저의 과거 때문일 겁니다. 사실 숨이 끊어질 것처럼 노력하는 동시에 그만큼 간절히 도망치고 싶었습니다. 20대에는 엄마의 간섭에서 벗어나고자 매일 새벽까지 일했고요. 출산 후에는 엄마라는 책임감에 짓눌리지 않기 위해 새벽에 뭐라도 했습니다.

그러니까 저의 안간힘은 담쟁이와는 정반대였던 셈이죠. 그들은 자기 자신으로 살기 위해 애썼지만 저는 저의 무거운 역할에서 벗어나기 위해 내달렸습니다. 내가 원래 누구였는지도 잊은 채, 어디로 가야 하는지도 알지 못한 채, 그저 앞만 보면서.

그래서 민들레가 참 대단합니다. 입김만 불어도 '후' 하고 날아가는 고 작은 홀씨가 자신이 누군지, 어떻게 해야 하는지 딱 아는 게 말이에요. 제 몸 하나 살기에는 그리 큰 땅은 필요치 않다는 걸 깨닫고 작은 틈에 뿌리를 내리는 용기도 대견합니다.

그건 민들레가 잡생각을 하지 않기 때문일지도 모릅니다. 민들레는 그저 살아가는 일에만 집중합니다. 뿌리를 내리고 양분을 끌어올려 꽃을 피우고 홀씨를 만들어 다시 바람에 흩날리는 것만요. 그들은 대학이나 직장, 내 집 마련이나 자녀 교육에는 신경 쓸 필요 없지요. 노후 대비를 위한 연금 저축은 더더욱요.

나의 작은
틈에는

반면 우리의 삶은 너무 복잡하지 않나요? 마트에 가서 과자를 고르는 일마저 선택지가 지나치게 많습니다. 옷이나 신발, 자동차 종류도요. '4세 고시'까지 등장하는 요즘 시대에는 영어나 수학뿐만 아니라 피아노와 미술, 태권도 등 학원 종류도 참 다양합니다. 크고 작은 오늘의 선택이 쌓여 인생을 만든다는 생각에 피로도가 쌓이지요.

그럴수록 더욱 '나'에 대해 잘 알아야 합니다. 요즘 유행하는 파이어족을 예로 들까요? 같은 파이어족을 꿈꿔도 각자 생각하는 조건은 다릅니다. 누군가는 50억을 모아야만 파이어족에 성공하지만 다른 누군가는 10억만 있어도 가능하지요. 물론 내가 원하는 집이나 차로 원하는 삶을 구체화할 수도 있습니다. 하지만 내가 바라는 하루, 시간을 사용하는 방법, 취향으로 미래를 그릴 수도 있지요.

앞서 말씀드린 선생님들은 자신이 좋아하는 일에 대해

잘 알고 계셨습니다. 자신의 재능을 나누기 위해 느린 아이들을 위한 학습을 지도하시고 억눌렸던 마음을 표출하기 위해 난타를 배우셨습니다. 젊은 시절, 일하느라 자녀들의 곁을 지키지 못했던 미안함을 달래고자 매주 손주를 돌보시고요.

그래서일까요? 빽빽한 일정에 지칠 법도 한데 늦은 밤 수업에 저보다 더 에너지가 넘치셨어요. 글을 가르치는 선생이지만 존경하는 선생님들에게 삶을 배우는 뜻깊은 시간이었습니다. 저도 차츰 미래를 그리며 새로운 습관을 만들었습니다. 60대에는 여행을 다니며 글을 쓰고 싶어서 틈새 시간에 스트레칭을 하고 계단을 오르며 체력 관리를 시작했습니다. 지금, 여러분의 담벼락 아래에서는 어떤 씨앗이 자라고 있나요?

10분 마음처방전

여러분은 어떤 씨앗인가요? 바람을 타고 날아가는 단풍나무, 누군가의 옷깃을 꽉 잡고 이동하는 도깨비바늘, 살이 충분히 썩어야만 씨가 나오는 열매. 그 씨앗이 잘 자라기 위한 환경을 고민해보세요. 물과 볕 등 식물마다 필요한 요소가 다르듯 여러분에게 필요한 부분도 저마다 다를 거예요. 내 인생의 틈에 꿈의 씨앗을 심어보세요. 작은 새싹이 돋으면 삶을 대하는 자세가 변할 거예요.

당신의 5cm 도미노는 무엇인가요?

우리는 세계라는 작품을 제작하는 데 공동으로 관여하는
아티스트며, 그렇기에 이 세계를 어떻게 만들고 싶은가에 대한
비전을 가지고 하루하루 살아야 한다는 것이
요제프 보이스의 메시지다.
-야마구치 슈,《철학은 어떻게 삶의 무기가 되는가》

우리 집에
남의 아들이 산다

결혼한 선배들은 '남편이란 참 희한한 존재'라고 말했습니다. 연애 때의 듬직함은 온데간데없이 점점 애들과 다를 바가 없고 더 나이가 들면 주책도 눈물도 많아진다고요. 저희집에도 아들이 생겼습니다. 엄마바라기 아들이요.

남편은 제가 늦은 시간까지 강의하는 날에도 기다리는 사람입니다. 정말 '기다리기'만 합니다. 거실이 난장판이어

도 손끝 하나 까딱하지 않고, 세탁기가 다 돌아도 그대로 둔 채 침대에서 스마트폰 게임을 하며 기다립니다. 어쩌다 평일에 쉬면 제가 작업하는 책상 옆에 누워서 숏츠 영상을 보며 같이 점심 먹기를 기다립니다.

함께 쉴 수 있을 리 없습니다. 저는 강의를 마치면 그때부터 집안일을 하고 새벽이 되어서야 지친 몸을 침대에 내던지니까요. 수업이 끝난 것을 확인한 남편이 코를 골며 자는 동안 말이죠. 그가 참 많이 원망스러웠습니다. 몇 번이고 조금만 도와달라고 부탁해봤지만, 남편은 그대로였습니다. 어머님 댁 아들이 왜 우리 집에 와서 살며 나를 괴롭히는지 이유를 알 수 없었습니다.

사랑은 변하는 거야

그런 남편에게 최근 변화가 찾아왔습니다. 제가 출퇴근을 시작하면서부터요. 토요일 진료를 마치고 집에 가면 바닥이 깔끔했습니다. 저의 감탄에 첫째 다정이가 의기양양하게 자랑합니다.

"바닥이 정말 깨끗하죠? 우리가 아빠랑 같이 치운 거예요. 다감이랑 제가 놀잇감을 다 정리하고 아빠는 청소기를 돌리고 난 다음에 스팀 청소기까지 돌렸다고요. 어때요, 멋지죠?"

주차하고 들어온 남편에게 칭찬을 전하자 남편은 별일 아니라는 듯 어깨를 으쓱하고 방으로 들어갔습니다. 엉덩이를 살랑거리면서요. 남편은 더 이상 기다리고만 있지 않았습니다. '행동'으로 보여주었지요. 어머님 댁 아드님이 다시 기댈 수 있는 오빠로 돌아왔습니다.

앙가주망(Engagement)은 바로 이 지점에서 시작합니다. 앙가주망이란, 프랑스어로 '참여' 또는 '약속'을 의미합니다. 실존주의 철학자 사르트르가 인간이 자신의 삶을 주체적으로 선택하고 사회적 현실에 적극적으로 참여하도록 독려하며 널리 사용되었습니다.

사르트르는 '실존이 본질을 앞선다'라고 말했는데요. 쉽게 말해 우리는 정해진 틀을 갖고 태어나는 게 아니라 본인이 선택한 행동에 의해 정의된다는 뜻입니다. 부지런한 행동을 많이 선택하면 부지런한 사람, 나태한 행동을 많이 선택하면 당연히 나태한 사람이 되지요. 남편의 경우, '누워서 기다리는' 상태를 '일어나서 청소하는' 행위로 바꾸며 어머님 댁 아드님에서 내가 기댈 수 있는 사람으로 정의를 변경했습니다.

나의 앙가주망을 위하여

그렇다면 우리는 어떻게 앙가주망을 삶 속으로 끌어들일까요? 첫 번째는 'Yes, and'를 시도하는 것입니다. 'Yes, and'는 즉흥 연극에서 사용하는 규칙인데요. 상대의 말에 무조건 '네'라고 대답하고 그다음 나의 아이디어를 더해 새로운 이야기를 만드는 과정입니다.

우리 삶에 적용해볼까요? 예상치 못한 상황에 부딪혔을 때, "왜 나에게 이런 일이 생겼지?"라고 파고들기보다 "그래, 이런 일이 생겼구나. 그리고 나는 이제 무엇을 해야 할까?"라고 질문을 던지는 겁니다. 피할 수 없는 현실을 받아들이고(Yes), 나의 의지로 새로운 행동을 덧붙이는(and) 순간, 우리는 수동적인 피해자에서 능동적인 창조자로 변합니다.

두 번째는 '30초 룰' 실천입니다. 우리는 좋은 결정을 내리고도 수많은 걱정 때문에 주저하느라 행동하지 못합니다. 앙가주망은 망설이면서 생기는 틈을 메우라고 독려합니다. '오늘부터 매일 아침 운동해야지'라고 마음먹었다면, 30초 안에 운동복을 꺼내 입는 거죠. 결심을 실천하는 것만으로도 훨씬 주체적으로 살 수 있습니다.

인생은 남이 대신 살아줄 수 없습니다. 임상아의 노래 〈뮤지컬〉에는 이런 가사가 등장합니다.

> 다른 건 필요하지 않아, 음악과 춤이 있다면. 난 이대로 내가 하고픈 대로 날개를 펴는 거야. 내 삶의 주인은 바로 내가 되야만 해.

우리 모두는 내 삶의 유일한 작가이며, 매 순간 선택이라는 펜을 쥐고 있습니다. 여러분의 삶을 스스로 정의하며 자신만의 이야기를 써 내려가보세요.

10분 마음처방전

'5cm 도미노 법칙'은 물리학자 로린 화이트헤드(Lorin Whitehead)가 발견하고 증명한 이론입니다. 이 법칙의 핵심은 도미노는 자신보다 1.5배 더 크고 무거운 다음 도미노를 넘어뜨릴 수 있다는 점입니다. 이때 그다음 도미노를 넘어뜨리기 충분한 힘이 발생합니다. 즉, 5cm 도미노는 7.5cm 도미노를 넘어뜨리고, 7.5cm 도미노는 11.25cm를 넘어뜨릴 수 있습니다. 실제 실험에서는 13개의 도미노로 5cm 도미노가 자신보다 20억 배 이상 무거운 도미노를 쓰러뜨릴 수 있음을 증명했습니다. 여러분의 인생 전체를 바꿀 아주 작은 5cm 도미노는 무엇인가요? 아주 사소해서 지금 당장 시작할 수 있는 것을 찾아 실행하세요.

당신은 계속 배우는 사람인가요?

보지 못한 사람은 보지 못한 것에 대한 지식이 없다.
반대로, 본 사람은 자신이 본 것만 전부라고 생각한다.
-랍비 니우통 봉데,《이디시 콥》

멈춰 선

자전거

    선선한 바람이 붑니다. 밖으로 나가기 좋은 계절입니다. 다정이와 다감이는 작년부터 자전거 타기에 열정적입니다. 자전거 타기는 아기 때부터 몇 시간씩 앉아서 책을 읽던 다정이의 다리 근육을 키우려고 시작한 활동입니다. 운동 신경 좋은 둘째 다감이가 바짝 추격하니 다정이도 승부욕을 불태웁니다.

다정이와 다감이의 뒷모습을 보면 어릴 적 처음 두발자전거를 탄 기억이 납니다. 자꾸 손에 땀이 나서 핸들을 몇 번이나 고쳐 잡고 온몸이 긴장해서 뻣뻣하게 굳었지요. 페달을 밟아보지만 이내 중심을 잃고 쿵. 무릎에서 피가 나고 때로는 바닥을 뒹굴기도 했습니다. 다시는 안 탄다며 엉엉 울다가 이내 마음을 고쳐먹고 자전거 위에 다시 앉았었죠.

넘어지기를 여러 번. 비로소 바람을 가르며 힘차게 앞으로 나아가자 세상을 다 가진 듯한 희열에 마음이 벅찼습니다. 단순히 자전거를 탈 수 있다는 기쁨을 넘어 아픔과 두려움을 이겨낸 스스로에 대한 믿음이 단단했지요. 그런데 도대체 언제부터 이 순수한 용기를 잊었을까요? 넘어지지 않는 길만 선택하며 인생의 자전거를 타지 않은 건 언제부터일까요?

고여버린
삶의 항아리

우리는 어른이 되고부터 '안정'이라는 달콤한 안식처에 너무 쉽게 안주하곤 합니다. 대학을 마치고 직장에서 어느 정도 경력이 쌓이면 마법 같은 시간이 찾아오지요. '이만하면 충분하지'라는 주문이 인생을 휘감는 시간이요. 새로운 지식을 배우는 대신 이미 알고 있는 것들만 되풀이하며 익숙한 궤도를 따라갑니다.

이 안온함은 잠시 평화롭지만 이내 정체된 내면에서 썩은 내가 나기 시작합니다. 랍비 니우통 봉데(Rabbi Nilton Bonder)는 이런 현상을 고여버린 항아리에 비유합니다. 그는 말합니다. 우리는 죽는 순간까지 삶이라는 항아리에 끊임없이 새로운 물을 담아야 한다고요. 채우기를 멈추는 순간, 항아리 속 물은 썩기 시작해 결국 아무도 마실 수 없는 고인 물이 되어버립니다.

그러다 문득 자신의 항아리를 들여다볼 때 우리는 두려움에 휩싸입니다. '괜히 다시 물을 부었다가 항아리가 깨지기라도 하면 어떻게 하지?'라는 어리석은 생각까지 하지요. 그러다 결국 새로운 물을 붓는 행위 자체를 거부해버립니다. 이는 결국 '익숙함'이라는 작고 안전한 방에 스스로를 가두는 셈입니다.

물론 이해합니다. 인공지능과 메타버스 등 요즘 세상은 말 그대로 눈 깜빡하는 사이에 변하니까요. 익숙하지 않음에 대한 불안과 새로운 것을 배운다는 부담, 예전 같지 않은 나에 대한 실망을 맞닥뜨리는 게 두렵기도 하지요. 그러나 이런 것들로부터 자신을 지키려는 마음은 차곡차곡 성벽처럼 쌓여 결국 세상으로부터 고립되고 맙니다.

다시,
페달을 밟을 용기

자전거 이야기로 돌아갈까요? 당연하게도 자전거는 페달을 계속 밟아야만 앞으로 나아갈 수 있습니다. 페달을 멈추는 순간, 아무리 훌륭한 자전거를 탔어도 균형을 잃고 쓰러지지요.

우리의 삶 또한 마찬가지입니다. 나이와 위치와 상관없이 배움의 페달을 계속 밟아야만 인생의 균형을 잡고 앞으로 나아갈 수 있습니다.

어른의 배움은 어린이의 배움과는 조금 다릅니다. 모른다고 말할 때의 창피함과 넘어졌을 때의 쪽팔림을 어린이보다 더 크게 느끼니까요. 그래서 다시 배우는 일에는 용기가 필요합니다. 하지만 기억하세요. 넘어지는 건 부끄러운 일이 아니라 여전히 용기 있는 사람이라는 가장 확실한 증거입니다.

과거를 돌이켜보세요. 열심히 준비한 시험, 떨리던 첫 면접, 매일이 사건 사고였던 입사 초기. 성장하는 모든 시기에는 실패가 있었습니다. 넘어질 때 생긴 상처는 지나고 보면 아름다운 훈장이지요. 배움의 자전거에서 내려와 걷지 마세요. 넘어지는 것을 두려워하지 않을 때, 우리는 새로운 풍경을 향해 나아갈 수 있습니다.

10분 마음처방전

만약 2년이라는 시간이 주어진다면 무엇을 배워보고 싶나요? 빨라진 인터넷 속도만큼 모든 게 빠른 시대입니다. 투자나 학습, 습관도요. 그러나 배움은 그렇지 않습니다. 오히려 농사와 같죠. 시기에 맞춰 씨를 뿌려야 싹이 트고 자라 열매를 맺습니다. 더 큰 열매를 보겠다고 인위적으로 조절하거나 잡초 뽑을 시간이 없다고 농약을 뿌려대면 탈이 납니다. 그래서 저는 배움의 기간을 전문학사를 이수하는 '2년'으로 잡습니다. 2년 동안 주 2~3일, 두 시간 정도 투자하면 한 과목을 깊이 있게 알 수 있거든요. 경제 공부, 인문학 독서, 글쓰기, 운동, 악기, 미술. 모두 해당합니다. 내가 배우고 싶은 일을 시작하세요. 한 학기가 끝나기 전, 그러니까 3개월 정도 지나면 이미 성장한 자신을 발견할 거예요.

무언가를 시작할 때 어떤 감정이 드나요?

삶이란, 오랜 여정이다.
최대한 몸을 가볍게 해야 지치지 않는다.
-김수현,《나는 나로 살기로 했다》

누구에게도

대체되지 않도록

　서른 무렵, 참 싱숭생숭했습니다. 장래, 결혼, 돈. 어른의 숙제가 잔뜩 앞에 놓여 있는데 저는 대학 입시를 고민하던 모습과 별반 다르지 않았어요.

　2년 간의 연애도 끝나고, 출퇴근만 반복하는 쳇바퀴 같은 일상에서 삶의 의미를 찾기란 여간 어려운 일이 아니었습니다. 고민 끝에 찾은 나의 정체성은 '쓰는 사람'. 그때부터 시간을 쪼개서 살기 시작했습니다.

퇴근 후 합정에 있는 한 출판사에서 프리랜서 기자 수업을 듣고 알음알음 소개로 원고 의뢰를 받았습니다. 방사선 업무는 추가 촬영 오더가 나면 바로 영상을 촬영해 전송하는 일입니다. 거기에 익숙하다 보니 원고 작업 속도도 빨랐습니다. 마감 기한 전에 피드백을 받고 반영해 상대적으로 원고의 질이 높은 건 당연했습니다.

선배 작가들은 자주 '프리랜서의 세계는 냉혹하다'고 말했습니다. 그래서 누구에게도 대체되지 않으려 노력했어요. 오탈자를 바로잡거나 분량을 맞추는 일은 할 만했습니다. 그러나 '좋은 글'의 기준은 사람마다 달라서 좀처럼 자신감이 붙지 않았습니다. 쓰고 읽을수록 어렵더군요. 예민한 감각과 수정이 필요 없을 정도의 완벽함만이 최선이었습니다.

기준으로
둘러싸인 삶

3년, 5년. 두 직업을 병행하면서 기준이 하나씩 생겼습니다. 모임 횟수와 잠자는 시간 등 줄일 수 있는 대부분을 줄였어요. 점차 '효율과 완성도 높이기'를 삶에도 적용했지요. 결혼 후에는 주말마다 이불을 빨고 냉장고와 베란다를 치웠고 출산 후에는 매일 천 기저귀와 젖병을 삶았습니다. 수많은 기준으로 둘러싸인 삶은 창살 같았습니다. 얼굴도 삶도 점점 핏기가 사라졌습니다.

하루는 책상 밑에 쭈그리고 콘센트를 정리하는 저에게 남편이 말하더군요.

"예지야, 그런 곳은 도둑이 들어와도 보지 않을 거야. 이제 그만 쉬어."

철옹성 같던 완벽주의에도 균열이 생겼습니다. 유치원생이 된 아이들이 만들기에 열중하면서 집 안이 매일 아수라장이었거든요. 복직하면서는 빨래와 청소, 설거지만으로도 시간이 모자랐습니다. 자의 반 타의 반 완벽을 내려놓았습니다.

느슨함은 오히려 일의 효율을 높였습니다. 환자 가까이에 서서 팔이나 턱의 위치를 살필 때보다 멀리 서 있을 때 더 자세를 정확하게 볼 수 있다는 사실을 깨달았습니다. 리모컨을 거치대에서 분리해 사용하는 것만으로도 손가락 통증이 사라졌고요.

일상생활도 마찬가지였습니다. 아이들에게 악착같이 영어 학습지를 풀리는 대신, 피곤한 날은 영어 dvd를 틀어놓고 옆에 누워 쪽잠을 잤습니다. 손가락 하나 까딱할 힘 없는 날은 밥과 멸치만 넣고 김 싸서 먹이고요. 그래도 아이들은 엄마 음식이 최고라며 엄지를 척 올렸습니다. 모두 기분 좋게 깊이 잠들었습니다. 아등바등 쫓던 행복이 참, 별것 아니더군요.

**여행은
가볍게**

서른 살, 첫 유럽 여행으로 독일과 프라하를 다녀왔습니다. 27인치 캐리어에 독일제 휘슬러 압력밥솥을 넣고 프라하의 돌길을 따라 이동하던 때였죠. 울퉁불퉁한 길에서 캐리어 끌기가 힘들어 아스팔트로 내려갈 때면 금세 어디선가 친절한 사람들이 나타나 캐리어를 다시 돌길 위로 올렸습니다.

"여기는 차도야, 차도는 위험해. 이곳으로 다니렴."

트램 정류장에서 꽤 멀었던 숙소까지 가는 동안, 프라하는 조금도 눈에 들어오지 않았습니다. 저어기- 숙소 밑 잡화점의 간판과 돌길뿐이었습니다. 숙소에 도착해 낮잠을 자고 작은 가방만 메고 터덜터덜 밖으로 나오자, 그제야 보였습니다. 동그란 창문과 자유로워 보이는 사람들, 아름다운 조형물로 가득한 프라하의 낭만 말입니다.

혹시 지금 삶이 무겁다면 나의 캐리어에 무엇이 들었는지 점검해보세요. 제 친구는 태국 여행 도중 길에서 갑자기 캐리어를 열었습니다. 그러더니 종류별로 모아두었던 맥주 네 캔을 앉은 자리에서 마셨습니다. 친구는 취기 덕분인지 줄어든 무게 때문인지 실실 웃으면서 살 것 같다 했습니다. 맥주면 다행이게요. 휘슬러 밥솥은 마셔 없앨 수도 없습니다. 밥솥은 한국에서도 살 수 있는데 왜 그렇게 이고 지고 다녔을까요?

10분 마음처방전

물건이든 마음이든, 무거우면 여행이 고달픕니다. 삶도 마찬가지예요. 더 나은 나를 위해 세운 많은 기준과 습관이 때로는 오히려 나를 짓누르지요. 때때로 짐을 덜어내는 연습을 해야 합니다. 나의 습관이나 삶의 기준 세 가지를 적어보세요. 그것들이 실제로 도움이 되는지 짚어보세요. 그렇지 않다면 작은 것부터 놓아주세요. 처음에는 빈틈이 불안할 수도 있습니다. 하지만 그 빈틈은 결핍이 아니라 더 중요한 일이 들어올 수 있는 여백임을 잊지 마세요.

좋아하는 일을 잘하고 싶을 때

수학적으로 생각해보자. 1년 동안 매일 1퍼센트씩 성장한다면
나중에는 처음 그 일을 했을 때보다 37배 더 나아져 있을 것이다.
-제임스 클리어, 《아주 작은 습관의 힘》

꿈의 씨앗을
위한 1%

직장 복귀 후, 한 달 동안은 정신없었습니다. 서버 프로그램과 판독 관리 등 알아야 할 절차가 생각보다 다양하고 복잡하더군요.

업무가 손에 익자 돌발상황에 유연하게 대처할 수 있었습니다. 갑자기 서버와 연결이 끊기거나 판독이 누락되어도 차분하게 상황을 정리했지요. 촬영에 쏟는 에너지가 3분

의 1 정도로 줄었습니다.

그러나 아무리 일이 익숙해져도 하루에 200여 명을 촬영하다 보니 체력적으로 힘에 부쳤습니다. 저녁 아홉 시만 지나도 꾸벅꾸벅 졸음이 오고, 아침 여섯 시부터 도시락을 싸니 개인 시간을 내기 힘들었죠. 근무 중 자투리 시간과 점심시간을 활용할 새로운 습관이 필요했습니다.

제임스 클리어는 《아주 작은 습관의 힘》에서 습관의 힘은 복리와 같다고 말합니다. 하루에 1%씩 성장하면 1년 후에는 산술적으로 37배 성장할 수 있습니다. 처음에는 조금 힘든 일도 시간이 갈수록 익숙해지기 때문에 성장을 위한 추가 노력도 37배 해야 하는 건 아니지요. 지난 한 달 동안 업무의 숙련도가 기하급수적으로 올라간 경험을 해본 터라 그의 이론에 수긍했습니다.

하루의 1%, 매일 약 15분 남짓을 '꿈을 위한 씨앗'으로 활용하면 1년 후 37배 성장한다고 생각하니 해볼 만합니다. 가장 먼저 할 일은 어떤 씨앗을 심을지 정하는 것입니다. 먼저 지금의 나보다 더 나아지고 싶은 세 가지를 꼽았습니다. 첫 번째는 건강, 두 번째는 기분, 세 번째는 글쓰기. 이제 이 세 가지를 1%씩 성장시킬 장치를 심어봅시다.

습관 잡기의
네 가지 비밀

제임스 클리어는 습관 형성을 위한 네 가지 방법을 제시하는데요. 첫 번째는 '분명하게 만들어라'입니다. 습관은 무의식적으로 반복하는 행동입니다. 실천을 위해서는 일단 눈에 띄어야 하지요. 물을 많이 마시는 습관을 만들기 위해 1리터 크기 물병을 구매해 사무실 책상에 올려두었습니다. 한 번도 사본 적 없는 상큼한 주황색으로요. 그 옆에는 책 두 권과 노트 한 권을 꽂았습니다.

두 번째 비밀은 '매력적으로 만들어라'입니다. 습관은 뇌의 보상 시스템과 연결됩니다. 뇌는 쾌감을 예상할 수 있을 때 비로소 행동으로 옮깁니다. 따라서 새로운 습관을 원래 좋아하는 것과 묶어 매력을 느끼도록 포장할 필요가 있습니다. 출근 후 좋아하는 피아노 연주곡을 들으면서 5분 동안 감사 일기를 적고, 점심시간 15분 전에 책을 펴며 편안하고 즐거운 감정을 엮었습니다.

세 번째는 '쉽게 만들어라'인데요. 인간은 본능적으로 저항이 적은 쪽을 선택합니다. 어느 좋은 습관보다도 누워 있는 걸 택하는 경우가 많은 것처럼요. 그래서 습관은 간단할수록 오래 유지할 수 있습니다. 하루 30분 운동 대신 환자분이 옷을 갈아입는 1~2분의 대기 시간에 스트레칭하기를 목표로 잡았습니다. 매일 초고 한 개 쓰기 대신 하루 10분 신문 사설 필사하기부터 시작하고요.

네 번째는 '만족스럽게 만들어라'입니다. 우리는 즉각적인 보상을 받으면 자꾸 하고 싶습니다. 퀘스트를 완료하면 아이템을 받고 레벨이 쭉쭉 오르는 게임이 그렇죠. 성공을 확인할 수 있는 보상 체계를 만들어보세요. 눈금이 큼지막하게 표시된 물병, 독서와 필사 등을 성공할 때마다 표시하는 습관 트래커처럼요. 눈금이 줄고 동그라미가 늘수록 뿌듯할 겁니다.

의지가 약해서
문제야

많은 사람들이 새로운 습관을 만들 때 자신의 게으름을 탓합니다. 하지만 그건 핑계예요. 저는 누구보다 움직이기 싫어하는 사람입니다. 청소하기가 귀찮아서 손 씻을 때마다 페이퍼타월로 부분을 나누어 닦고요. 물건 찾는 시간이 아까워 사용하면 제자리에 둡니다.

습관은 의지가 아닌 환경과 반복으로 만들어집니다. '내일은 꼭 새벽 다섯 시에 일어나야지'라며 강하게 마음먹는 것보다는 평소보다 일찍 잠자리에 들어야 제 시간에 일어날 확률이 높습니다. 저도 아침마다 헐레벌떡 출근하는 습관을 바꾸고 싶어서 저녁에 간단한 도시락 반찬과 다음 날 입을 옷을 준비해놓고 잠들었습니다. 자기 전 스마트폰에 소모되는 시간을 없애려고 침대 밑에 스마트폰을 둡니다. 환경을 바꾸니 아침이 여유롭고 매일 반복하니 몸에 익었습니다.

    물 한 잔, 책 한 장, 기지개 1분. 이 사소한 실천이 모이면 정말 1년 후, 지금보다 37배 성공할 수 있을까요? 아마 그럴 겁니다. 시나브로 똑똑 떨어지는 물방울이 모이면 바위를 뚫을 수 있는 힘이 생기니까요. 단단한 바위 속 반짝이는 보물을 손아귀에 쥐는 여러분의 내일을 응원합니다.

10분 마음처방전

지금 잘하고 싶은 일은 무엇인가요? 살다 보면 해야 할 일에 쫓겨서 정작 잘하고 싶은 일은 마음속에 묻어두기도 합니다. 그러나 그 일이 바로 미래의 나를 만드는 원동력입니다. 요즘 나의 관심사를 살피며 목표를 구체화하세요. 단순히 '건강해지고 싶다'가 아니라 '꾸준히 걷고 싶다'로 적어야 합니다.

그 후, 그 목표를 이룰 수 있는 작은 습관을 다섯 개 만드세요. '저녁 식사 후 설거지를 미루지 않는다', '운동화를 잘 보이도록 신발장 앞에 놓는다', '내가 좋아하는 라디오를 들으며 걷는다', '걷고 돌아오면 달력에 성공 스티커를 붙인다', '시원한 레몬수를 마시며 나를 칭찬한다'처럼요.

당신의 인생은 몇 시인가요?

> 그런데 백온조, 시간은 우리가 생각하는 것처럼 그렇게 딱딱하게
> 각져 있지만은 않다는 거, 그리고 시간은 금이다, 라는 말이
> 좋은 말이기도 하지만 그 말이 얼마나 폭력적인 말인지도 한번
> 생각해봤으면 좋겠다.
> - 김선영, 《시간을 파는 상점》

멈춰버린

나의 시간

둘째 다감이가 유치원에 입학하자 조금 여유가 생겼습니다. 아이는 특유의 친화력으로 잘 적응했지요. 문제는 저였습니다. 그 무렵, 생활비의 압박에 잠식할 것만 같았습니다. 코로나19로 아무 준비 없이 퇴사했고 모아뒀던 돈을 모두 써버렸거든요. 쑥쑥 크는 아이들의 옷값과 식비도 만만찮았습니다. 다시 일을 시작해야 할 때입니다.

막상 일을 구하려니 머릿속이 복잡했습니다. 경기가 좋지 않아 일자리가 적고 아이들 하원 시간 맞추기도 어려웠습니다. 이력서를 적어 보니 일을 한 기간과 멈춘 기간이 같더군요. 경력 단절의 의미가 뼈저리게 와닿았습니다.

결국 방사선사로 구직 활동을 시작했습니다. 편의점에서 바코드를 찍는 것처럼 단조로워서 싫어했던 일입니다. 그러나 지금은 상황이 다릅니다. 국가 면허 덕분에 급여 수준이나 근무 환경이 여느 일보다 좋았지요. 직업 특성상 야근이 없어 정해진 시간에 아이들을 데리러 갈 수도 있습니다. 2주 뒤 집에서 도보 10분 거리의 병원에 취직했습니다.

출근을 앞두고 걱정이 앞서더군요. 촬영법도 가물거리고 일손을 내려놓은 기간 동안 일머리를 잃었을까 봐서요. 그러나 가장 걱정인 건 다시 세상속에 들어가는 일입니다. 사람들과 눈을 맞추고 이야기를 나누며 함께 생활하는 것. 대인기피증이 완전히 사라졌다고 장담할 수 없었습니다. 불안과 설렘 속에서 출근일이 다가왔습니다.

째깍째깍
시간의 각도

첫 상사는 초시계를 들고 다녔습니다. X-ray 사진 촬영

한 장당 걸리는 시간을 초로 재며 따라다녔지요. 새 직장에 출근할 때마다 선배의 예민함이 명치 끝을 콕콕 찌르는 기분이었습니다. 하지만 이번 선임은 달랐습니다. 차분하고 부드러웠지요. 알아듣기 쉽게 설명하고 눈앞이 아득해질 만큼 바쁘면 어느새 다가와 일손을 도왔습니다. 기댈 수 있는 언덕이 생겼다는 생각에 점차 마음이 놓였습니다.

다시 일을 하며 새롭게 알게 된 사실이 있습니다. 생각보다 방사선사 일이 제 적성에 잘 맞더군요. 단순해서 익히기 쉬웠고 몸을 움직이니 잡생각이 사라졌습니다. 바로바로 결과를 확인할 수 있어 속이 시원했고요. 강의한 덕분에 환자분들이 이해하기 쉽게 안내했습니다. 동료들은 그런 저를 신기하게 바라보았습니다. 한 사람당 4~50초 내외로 200명을 촬영하면서도 흔들림 없이 평온하고 친절한 모습이 대단하다 칭찬하셨습니다.

환자를 대하는 마음도 이전과는 달랐습니다. 예전에는 일한 만큼 월급을 받는 게 당연하다고 생각했는데요. 지금은 덕분에 생활비를 해결하고 아이들이 미술과 피아노를 배울 수 있음에 감사했습니다. 그래서 환자분들이 잠시 머무는 공간이지만 편안하도록 배려하고 싶었어요. 아로마 오일을 놓고 외국인 환자분들을 위한 안내 문장을 연습했습니다. 많은 분들이 고맙다, 수고한다는 인사를 하고 가셨습니다. 그렇게 조금씩 사람들 속에 자연스럽게 어우러지기 시작했습니다.

사소한 것은 사라지게
위대한 것은 살아나게

아이들과 소꿉놀이를 하면서 《시간을 파는 상점》의 주인인 온조처럼 살았습니다. 몰랐던 나를 찾기도 하고 과거를 훑고 미래를 다녀오면서요. 그러면서 수수께끼가 가득한 삶을 하나씩 풀고 배웠습니다. 어느새 나를 콕콕 찌르던 강박에서 벗어나고 쉽게 흔들리던 마음이 단단해졌습니다.

다시 직장에 다니면서 일상이 단조롭게 흘렀습니다. 출퇴근을 하고 아이들과 먹고 씻고 책을 읽고 함께 잠들었습니다. 불면증은 이미 사라진 지 오래입니다. 아침까지 한 번도 깨지 않고 푹 자고 일어나 다시 하루를 살았습니다. 지루하고 따분하다고 생각했던 직장 생활은 오히려 안정감을 주었습니다. 온조 엄마의 말이 맞습니다. 시간은 금이 아닙니다. 시간은 물입니다. 아끼는 게 아니라 나도 몸을 맡기며 함께 흘러야 하는 물이요.

나는 매일 이곳에서 시간을 팝니다. 건설 현장에서 고된 하루를 보내는 분들께 느슨한 시간을 팝니다. 더 예뻐지려

수술을 앞둔 분들께는 설레는 시간을 팝니다. 팽팽했던 미간이 잠깐 허물어지는 시간, 기꺼이 통역을 자처하는 다정한 사람이 되는 시간. '수고하세요, 안녕히 가세요'라는 말로 서로를 응원하는 친절한 시간.

야박한 것 같았던 시간은 내게 두둑한 덤을 얹어주었습니다. 아이들을 키우면서 저도 제법 성장했거든요. 전투 같던 7년 동안 저는 부딪힌 만큼 강해졌습니다. 깎아낸 만큼 맑아졌고요. 여러분의 삶은 지금 몇 시인가요?

10분 마음처방전

내 시간을 타인을 위해 쓴다면, 누구를 위해 사용하고 싶나요? 나 하나 살기도 바쁜 세상에서 남을 위해 시간을 쓴다는 것은 절대 가볍지 않은 선택입니다. 지금 떠오르는 사람이 있나요? 친구, 가족, 연인. 혹은 직접 만난 적은 없지만 마음이 끌리는 사람일 수도 있습니다. 왜 그 사람이 떠올랐나요? 무엇을 함께하거나 돕고 싶나요?

6.

삶이라는
여행

낯선 이의 따뜻한 미소를 기억하나요?

그가 방금 제 앞의 300명에게도 똑같은 인사말을 건네는 걸
들었다 해도 그건 문제가 되지 않아요. 그의 빛나는 표정은
어김없이 진실을 말했고, 전 그의 무조건적인 사랑과 수용의 온기가
제 온몸에 퍼지는 느낌을 받았으니까요.
- 랍비 조셉 텔루슈킨, 《죽기 전에 한 번은 유대인을 만나라》

내 아이의
기도

아이들과 주말 나들이를 가던 차 안이었습니다. 멀리서부터 구급차가 다가오는 소리가 들렸습니다. 그런데 구연동화를 듣던 다정이가 갑자기 손을 모으더니 이렇게 말하는 거예요.
"아픈 사람이 무사히 병원에 도착할 수 있도록 도와주세요."

깜짝 놀라서 다정이에게 "왜 그런 기도를 해?"라고 물었습니다. 그러자 이렇게 대답했습니다.

"엄마, 구급차는 아주 빨리 가야 하잖아요. 아픈 사람이 타고 있으니까요. 그런데 차들이 비켜주지 않으면 병원에 늦게 도착해서 죽을 수도 있대요. 그래서 제가 기도한 거예요. 선생님이 간절히 기도하면 이루어진다고 했거든요."

할 말이 없어진 저는 고개를 돌려 차창 밖을 바라보았습니다. 주말의 고속도로 위, 누군가 앞으로 끼어들 새라 바짝 거리를 좁히는 수많은 차 사이에 일곱 살 다정이의 기도가 들어갈 틈이 있을까요? 나의 길, 나의 성공, 나의 문제에만 골몰하던 저를 돌아봅니다. 모르는 이를 위해 마음 쓴 게 언제였는지 까마득합니다.

세상을
이롭게

랍비 텔루슈킨(Rabbi Joseph Telushkin)은 알지 못하는 사람을 위한 기도의 의미를 강조합니다. 이는 상대방을 돕고 싶은 마음을 넘어 이기심을 극복하고 더 넓은 시야와 공감 능력을 기르는 훈련입니다. 우리는 보통 나에게 잘해주는 사람, 나와 가까운 사람을 위해 기도합니다. 하지만 기도의 대상을 모르는 사람으로 확장하면 우리의 마음은 한 단계 더 성장합니다.

타인을 위해 기도할 때, 우리는 그 사람이 겪는 고통과 어려움을 상상합니다. 그러면서 자연스럽게 그들의 입장을 살피고 아픔에 공감하지요. 또한 모르는 사람을 위한 기도는 우리를 겸손하게 합니다. 나의 도움이 직접적으로 닿지 않는 사람을 위해 기도하면서 세상의 문제들을 좌지우지할 수 없는 미약한 자신을 깨닫기 때문입니다.

〈두 개의 보자기〉라는 《탈무드》를 소개합니다. 어느 현명한 랍비에게 한 제자가 찾아와 물었습니다.

"랍비님, 세상에 이렇게 불행한 사람이 많은데 우리는 무엇을 해야 합니까?"

랍비는 제자를 데리고 밖으로 나갔습니다. 그리고 두 사람은 낡은 옷을 입고 떨고 있는 것을 보았지요.

랍비는 제자에게 가난한 사람에게 두 개의 보자기를 건네라고 했습니다. 하나는 따뜻한 음식이 든 보자기, 다른 하나는 새 옷이 든 보자기였습니다. 가난한 사람은 기뻐하며 랍비와 제자에게 감사를 표했습니다. 돌아오는 길에 제자가 다시 랍비에게 물었습니다.

"랍비님, 저는 오늘 단 한 사람을 도왔을 뿐입니다. 세상의 모든 불행은 어떻게 없앨 수 있습니까?"

랍비는 웃으며 답했습니다.

"세상의 모든 불행을 없앨 수는 없다. 하지만 우리는 우리가 만나는 사람 한 명, 한 명에게 따뜻한 보자기를 건넬 수 있지 않느냐. 이 세상은 한번에 치유하는 것이 아니라, 각자의 자리에서 작은 보자기를 건네며 조금씩 바로잡는 것이다."

보다 넓은 곳으로의 시선

2023년 한 결혼정보회사의 설문조사 결과에 따르면, 2030 미혼남녀의 70% 이상이 '결혼은 필수가 아닌 선택'이라고 답했습니다. 결혼을 결정하는 가장 중요한 요인으로는 '나 자신의 행복과 만족'을 꼽았지요. 통계청의 '2022년 한국의 사회지표'에서는 개인의 행복을 위한 여가 생활이 중요하다는 응답의 비중이 지속적으로 증가하는 추세입니다. 개인의 만족과 행복이 최우선인 현대인의 사고방식을 여실히 보여주지요.

물론 자신의 행복을 추구하는 것은 매우 중요합니다. 문제는 자기중심적인 시선이 극단으로 치닫는 상황이지요. '나만 괜찮으면 돼'라는 생각은 사회적 연대와 협력을 약화

시킵니다. 그들은 타인의 고통에 무감각해지고 환경이나 사회적 불평등과 같은 문제를 외면합니다. 그러나 이러한 태도는 타인과 나, 모두에게 불행한 결과를 초래합니다.

네다섯 살 무렵, 엄마와 골목을 걷던 일이 떠오릅니다. "어디 다녀오느냐?"며 반갑게 인사하는 동네 할아버지를 보자마자 저는 "와앙" 하고 울음을 터뜨렸지요. 당황한 할아버지께 엄마는 말씀하셨습니다.

"방금 요 앞에서 넘어졌어요. 피가 안 나서 울지 못하다가 할아버님을 뵙고 눈물이 터졌나 봐요."

할아버지는 "울어야 하는 날도 있으니 마음껏 울어." 하며 저를 안아주셨습니다.

살면서 종종 할아버지 같은 사람들을 만났습니다. 입이 짧던 제가 컵라면을 맛있게 먹자 원장실 문을 잠그고 라면을 끓여 주시던 피아노 선생님, 생일이면 케익을 들고 나오시던 빵집 아줌마, 홍삼 젤리를 제 가방에 잔뜩 넣으시던 국어 선생님. 그분들 덕분에 저는 어른이 되었습니다. 여러분 기억 속 미소 짓는 타인은 누구인가요?

10분 마음처방전

소설 《빨간머리 앤》에 등장하는 매튜 아저씨를 기억하나요? 매튜 아저씨는 앤이 그린 게이블즈에서 안정적으로 살 수 있도록 묵묵히 곁을 지킵니다. 그는 앤에게 무조건적인 사랑과 지지를 보여주며 앤의 올바른 성장을 돕지요. 여러분의 매튜 아저씨는 누구였나요? 그분에게 편지를 써보세요. 너무 가깝지 않은 사이이기에 더욱 위로받은 순간이 있었을 겁니다. 내가 받은 배려를 기억하고 내 온기를 전하고 싶은 사람을 생각해보세요. 당신 덕분에 이 세상이 더 아름답습니다.

시간이 흐를수록 맛있는 인생

어떤 분야든 대가가 된 사람들은 모두 지혜와 지식 수준이
남다르다. 그가 음악가든, 운동선수든, 예술가든 그들의 생각을
들어보면 모두 어떤 경지에 이른 자신만의 철학이 있다.
- 김승호, 《돈의 속성》

내 가방 속
세 개의 별

제 가방에는 항상 세 가지 물건이 있습니다. 책 한 권과 이어폰, 그리고 펜 한 자루이지요. 이 물건들은 하루의 틈새를 가장 귀한 순간으로 바꿉니다. 책은 근무 중 틈새 시간과 키즈 카페나 놀이터에서 노는 아이들을 기다릴 때 유용합니다. 10분, 20분 짧은 시간에 좁은 시야를 넓히고 삶의 수많은 질문을 떠올릴 수 있지요.

출퇴근 시간이나 빨래를 널 때는 이어폰을 활용합니다. 주로 경제나 지식 관련 콘텐츠를 듣는데요. 반복적인 일의 지루함을 배움의 기회로 바꿉니다. 마지막으로 펜은 언제든 떠오르는 생각을 적도록 돕습니다. 특히 책을 읽으면서 내 생각을 덧붙이면 타인과 내 생각을 엮어 새로운 창조물을 만들 수 있습니다.

남편은 이런 저를 의아해합니다. 공부가 그렇게 재미있냐고요. 제게는 지식이 아닌 지혜를 쌓는 시간입니다. 당장 저의 삶에 큰 도움은 아닐지라도 아이들이나 수강생분들께 조금 더 나은 생각을 전할 수 있으니까요. 제가 준비한 재료가 그들과 만나면 생각지 못한 창조적 결과물이 나올 수도 있잖아요.

돈 그릇을 넓히는
지혜의 힘

김승호 회장은《돈의 속성》에서 '돈은 인격체와 같다'고 말합니다. 돈이 스스로 온 곳을 기억하고 자신을 존중하는 사람에게 머문다는 내용인데요. 돈을 존중한다는 건 어떤 의미일까요? 단순히 벌고 모으는 것이 아니라 그 속성을 이해하고 다스리는 지혜를 갖추라는 뜻이 아닐까 추측합니다. 여기서 지혜는 단순히 금융 지식이나 투자 기술이 아닙니다. 세상을 향한 깊은 이해, 즉 인간의 욕망과 사회의 흐름을 꿰뚫는 통찰력을 뜻합니다.

예를 들어 평생을 바쳐 도자기를 빚는 장인을 상상해볼까요? 처음부터 그가 큰돈을 목적으로 흙을 만진 건 아닐 겁니다. 분명 수십 년 동안 많은 실패를 거듭했겠지요. 그 사이 흙의 속성과 불의 온도, 자신이 추구하는 아름다움을 찾을 겁니다.

그러다 그의 혼이 담긴 도자기가 세상 사람들에게 인정받으면 사람들은 그 가치에 걸맞은 돈을 지불합니다. 중요한 점은 구매자가 지불한 돈은 그의 '기술'에 대한 대가가 아니라 평생에 걸친 '배움과 헌신'의 가치를 환산한 금액이라는 겁니다.

장인이 배움을 통해 세상에 아름다움을 선물하고 그 가치가 돈을 불러들이듯 내가 가진 지혜로 경제의 순환을 만드는 것이 진정한 부의 철학입니다. 돈이 지혜와 통찰력을 갖춘 사람을 찾아 머무는 건 그러고 보면 당연합니다. 지혜라는 견고한 그릇이 없다면, 아무리 많은 부를 담아봤자 한순간에 새어 나갈 테니까요.

배워서
남 주자

유대인의 격언 중에 '배워서 남 주자'가 있습니다. 그들은 지식을 습득하는 행위만큼이나 그 지혜를 타인과 나누는 것을 중요하게 여기는데요. 탈무드에도 이와 관련된 이야기가 나옵니다.

한 랍비가 제자들에게 세상에서 가장 중요한 한 가지가 무엇인지 물었습니다. 한 제자는 공부라고 대답하고 다른 제자는 봉사라고 대답했지요. 랍비는 "둘 다 틀렸다."며 이렇게 말했습니다.

"가장 중요한 것은 배움과 나눔이다. 배움이 없다면 나눌 것이 없고 나눔이 없다면 배움이 무슨 의미가 있겠는가?"

하브루타는 배움과 나눔의 실천입니다. 나의 의견을 말하고 상대방의 반론을 들으며 내 생각을 더욱 단단하게 만드는 과정을 거치면, 지식은 개인의 소유물이 아닌 공동체 전체의 자산이 되지요. 20세기 최고의 과학자로 꼽히는 알베르트 아인슈타인 역시 배워서 남 주기를 몸소 실천한 사람입니다.

모두가 알다시피 그는 상대성 이론으로 인류의 과학사

를 송두리째 바꿨습니다. 하지만 그는 핵무기 개발 참여를 평생의 짐으로 여기며 평화주의자 활동을 했습니다. '아인슈타인-러셀 선언'을 통해 전 세계 지식인들에게 핵무기 폐기를 촉구했지요.

또한 그는 미국 내 인종차별에 깊은 분노를 느끼며 흑인 인권 운동을 공개적으로 지지했습니다. "인종차별은 병과 같다."라며 인종차별에 대한 부당함을 세상에 알리는 데 자신의 명성을 아낌없이 사용했죠. 아인슈타인의 일화는 지식을 개인의 영광을 위한 도구가 아니라 더 나은 세상을 만드는 데 써야 한다는 메시지를 던집니다. 여러분은 이 세상에 어떤 메시지를 전하고 싶습니까?

10분 마음처방전

시간이 갈수록 점점 더 깊고 풍요로운 인생을 제대로
음미하려면 나만의 고유한 메시지를 찾아야 합니다.
나만의 메시지는 삶의 중심축이 되어 혼돈 속에서도
길을 잃지 않도록 도울 겁니다. 먼저 내가 전하고 싶은
가치를 찾아볼까요? 아직 세상에 존재하지 않지만
열정을 바치고 싶은 '꿈의 직업'을 만들어보세요.
'사라진 동심을 찾아주는 사람', '후회 없는 선택을
돕는 코디네이터'처럼요. 그리고 그것을 세 살 아이에게
설명한다고 생각해보세요. '사랑이란, 친구에게 좋아하는
빵을 나누는 거야'처럼요. 복잡한 단어를 사용하지 않고
설명할 수 있을 때, 비로소 그 의미를 완벽하게 이해한
것이랍니다.

채우고 싶은 빈 곳

용서가 안 되는 사람을 만났을 때, 그래서 삶이
너무 힘들다고 느껴질 때, 부디 내 안의 그 자비한 눈빛과
마주하시길 깊이 소망한다.
-혜민,《완벽하지 않은 것들에 대한 사랑》

받고 싶지 않은 연락

시댁과의 연말 여행 중, A로부터 예기치 못한 전화를 받았습니다. 승낙하기 힘든 부탁이었어요. 통화하는 동안 시부모님께서 외출 준비를 마치고 기다리고 계셔서 초조했던 마음까지 생생히 기억납니다. 통화를 빨리 끝내야 한다는 생각에 마지못해 최대한 도와주겠다고 말하고 상황을 마무리했지요. 그리고 몇 달 후 A에게서 또 다른 내용의 불편한

부탁을 받았습니다.

 그의 부탁이 불편했던 이유는 내용의 수신인이 제가 아니었기 때문입니다. 본인이 직접 전달하거나 담당자에게 말해야 하는 일이었어요. 당연히 그렇게 설명했습니다. 그러나 A는 어려운 관계라는 핑계를 대더군요. 그리고 저를 전임자와 비교하며 은근히 저의 무능을 탓했습니다. 오물을 뒤집어쓴 것처럼 기분이 찜찜했습니다.

 잘못 배달된 택배처럼 자꾸 신경 쓰였습니다. 그것도 아이스박스에 들어 있어서 더 조마조마한 택배 말이에요. 선택지는 하나, 제 주인에게 전달하기였습니다. 결국 저는 의견을 전했고 A는 발을 쏙 뺐습니다. 자신은 그런 건 머리로 생각해본 적 없고 입에도 담은 적도 없다고 했다더군요. 기가 막혀 아무 말도 하지 못했습니다. 말을 섞고 싶지 않아 입을 다물었습니다. 더러운 물이 제 것처럼 되었습니다.

심연에서
찾은 마음

 모든 활동을 중단하고 고요 속으로 들어갔습니다. 고마운 사람들이 응원 메시지를 보냈습니다. 더러는 적극적으로 오해를 풀지 않는 내가 답답하다고 했습니다. 악연을 제대로 처리하지 못한 나의 불찰이라 그저 조용히 책을 폈습니다. 하루에 한 권씩 읽으며 잡생각을 떨치려 애썼어요.

일상이 무너지지 않도록 매주 도서관에 갔습니다. 정수리에 내리꽂히는 뙤약볕을 맞으며 걸을 때는 형벌을 받는 기분이었습니다. 그러다 혜민 스님의 《완벽하지 않은 것들에 대한 사랑》을 만났습니다. 거기에는 도저히 용서할 수 없는 사람을 만났을 때 해결하는 방법이 담겨 있었습니다.

혜민 스님은 내 감정의 원인과 그 원인의 원인을 따라 점점 깊이 파고들라고 권합니다. 그러면 근본을 찾을 수 있다고요. 나도 따라 해보았습니다. 솔직히 말하자면 A가 미웠고 오해받는 상황도 억울했습니다. 어쩌면 다른 사람에게는 그냥 지나갈 만한 일일지도 모릅니다. 그러나 저는 함께 채팅방에 있는 것만으로도 지하철 개찰구 앞에서 느꼈던 공황처럼 숨이 막혔습니다.

그럼에도 불현듯 분했습니다. '내가 이렇게 벌받는 기분으로 살아야 할 필요가 있나?', 'A는 이 일에 대해서 조금의 책임감이라도 느낄까?'라는 의문이 들었습니다. 혜민 스님은 내 안으로 계속 내려가면 자비의 눈으로 나와 상대를 바라보고 상대도 바라볼 수 있다던데 미약한 나는 좀처럼 자비를 찾을 수 없습니다.

원래 세상은 불공평한 거야

그러다 아이들의 현장 체험일 아침이었습니다. 도시락을 싸려고 찾아둔 리본 주먹밥 레시피를 한번 훑고 미리 준비한 재료를 하나씩 꺼냈습니다. 어렵지 않게 따라할 수 있겠더라고요. 그런데 예기치 못한 문제들이 생겼습니다.

첫 번째는 볶음밥이 너무 맛없었습니다. 레시피대로 야채와 단무지, 약간의 소금과 치즈 한 장을 넣었는데 밍밍하고 느끼했어요. 두 번째는 슬라이스 햄 대부분에 구멍이 나 있었습니다. 햄이 매끈해야 리본이 예쁜데 말이죠. 간장과 참치로 볶음밥을 소생시키고 구멍 난 부분을 아래쪽으로 숨기다 보니 며칠 전 읽었던 책 구절이 떠올랐습니다.

이 세상은 커다란 시스템이고 모든 시스템은 불완전하다는 내용이었어요. 그러므로 세상은 원래 불공평하다는 그 사실을 받아들이는 사람만이 본격적으로 삶에 뛰어들 수 있다고요. 어느 집 아이가 너무 잘 먹던 볶음밥 레시피가 내 입맛에는 느끼할 수 있습니다. 같은 금액을 내고 구매했지만 몽땅 구멍 난 햄이 올 수도 있습니다. 그게 세상이고, 결국 그 문제를 해결해야 하는 건 나입니다.

A와의 이야기를 들은 남편은 그저 잘했다고만 했습니

다. 이제는 잠도 더 많이 자고 주말에 쉴 수 있어 다행이라며 저를 다독였습니다. 시시각각 변하는 구름처럼 모두가 다른 하늘을 바라봅니다. 그 구름을 바라보는 마음도 다르겠지요. 각기 다른 시선으로 사는 불공평한 이 세상을 받아들이며 A와의 사건을 흘려보내기로 했습니다.

10분 마음처방전

내 마음 안에 거슬리는 일이 있나요? 혀끝에 돋은 작은 돌기처럼 자꾸 신경 쓰이는 부분이요. 몸의 염증은 때로 시간이 지나면 저절로 사라지지만, 마음의 염증은 그렇지 않습니다. 먼저 불편한 감정을 느끼는 사람에게 편지를 쓰세요. 보내지 않을 편지이니 속마음을 다 꺼내 놓으세요. 그리고 속이 시원할 만큼 벅벅 찢어버리십시오. 그다음 그 일을 통해 내가 성장한 부분을 적어보세요. 어떤 고통도 내 삶을 무너뜨리지 않을 만큼 강한 나를 기억하시길 바라요.

가슴이 기우는 일

예기치 않은 불안과 고통이 찾아오면 이런 생각을 하곤 합니다.
'어, 왔구나! 반가워. 내가 또 한 번 성장할 기회를 주는구나.'
-김상현,《당신은 결국 무엇이든 해내는 사람》

부모가 아니라면

몰랐을 것들

물리치료실 선생님들의 마지막 출근 날, 회식을 했습니다. 모두의 얼굴에 하루의 피로와 아쉬움이 묻어 있지만, 분위기 덕분인지 표정만큼은 밝습니다.

"저 기러기 아빠거든요."

물리치료 실장님의 말에 젓가락을 멈추고 그를 응시했습니다.

"삼대가 덕을 쌓아야 할 수 있는 게 기러기 아빠라지만 저는 좀 달라요. 평일에는 그나마 괜찮지만 주말에는 아이들이 정말 보고 싶습니다. 아내는 더더욱요. 아내가 웃는 얼굴을 떠올리면, 다시 열심히 살 힘이 생깁니다."

옆에 있던 선생님이 말을 이었습니다.

"나는 우리 딸. 이제 14개월 됐거든. 아빠, 아빠 하면서 달려오면 정말 세상을 다 주고 싶어. 그래서 내가 매일 네 시간씩 주식 공부를 하는 거야. 다 해주고 싶어서. 나는 고생해도 괜찮지. 힘들어도 돼. 근데 내 딸은 편하게 살았으면 좋겠어. 지금처럼 예쁘게만."

그러자 간호사 선생님이 깔깔거리며 말했습니다.

"14개월? 아유, 좀 지나봐요. 두 팔 벌려 뛰어오던 고 예쁜 것들이 지금은 눈을 하얗게 흘기면서 나가라고 한다니까. 우리 딸들도 참 귀여웠는데 말야. 근데 난 지금도 괜찮아. 어제도 퇴근하고 막 뛰어가서 삼계탕을 끓여서 먹였지. 여전히 그 녀석들 입에 음식이 쏙쏙 들어가면 그렇게 뿌듯할 수가 없어."

홀로핑이 바꾼
나의 세상

저도 가족을 생각하며 힘을 냅니다. 제 촬영실 벽에는 둘째 다감이가 색칠한 홀로핑이 붙어 있어요. 어려서부터 손끝이 야무졌던 다감이는 색칠도 선에 맞춰 꼼꼼히 합니다. 자신의 이름도 획마다 다른 무지개색으로 쓰지요. 어떤 진로를 정하든 아이가 원하는 만큼의 물감을 사주고 싶습니다. 찬란한 하루를 칠할 수 있도록 말이에요.

다감이의 홀로핑을 보면 세상을 바라보는 시선이 변합니다. 몸살 기운이 있는 아침이나 업무에 지친 오후에도 입가에 미소가 번지지요. '이번 주말에는 아이들과 무엇을 할까?'라는 계획을 세우며 가족을 위해 일할 수 있음에 감사하고 행복합니다.

그러고 보면 그 사이 저도 참 많이 변했습니다. 예전이라면 짜증과 피로에 하루가 좌지우지되었을 텐데 이제는 따뜻한 차와 호흡으로 마음을 정화시킵니다. 그러려니 넘기는 법도 배우고요. 한가한 시간에는 인터넷 서핑 대신 경제 도서를 읽으며 세상을 보는 새로운 시각을 익힙니다.

영화 〈봄날은 간다〉에서 20대의 유지태는 사랑이 어떻게 변하냐고 물었지만 30대 후반의 저는 압니다. 사랑도 사람도 변한다는 것을. 하루에 수십 통씩 주고받는 달콤한 문자는 사라졌지만 저녁 식사 후 먼저 일어나 설거지를 하는 사랑이 생겼습니다. 두 아이를 키우며 기다려주는 사랑을 배웠습니다. 사랑이 변해야 삶도 세상도 변합니다.

시련이라는
선물

김상현 작가는 고통을 성장의 기회로 여기며 감사하는 자세에 대해 말합니다. 그는 두려움이 없는 상태보다 두려움에도 불구하고 계속 나아가는 용기가 인생을 성장시킨다고 말하는데요. 우리는 흔히 두려움 없이 완벽한 상태에서 도전하길 원하지만, 성장은 편안함 속에서 이루어지지 않습니다. 깐깐한 교수님 밑에서 배운 지식은 10년이 지나도 기억에 남고 혹독한 상사 때문에 눈물 흘리며 작업하는 동안 프로그램이 금세 손에 익습니다. 신생아를 몇 달 돌보면 분유쯤은 눈 감고도 타고요. 여러분도 이런 경험 하나쯤은 있으시지요?

하지만 꼭 기억하셨으면 좋겠습니다. 모든 성장이 두려움 속에서 피어나는 건 아니라는 것을요. 《진짜 좋아하는 일만 하고 사는 법》의 작가 데릭 시버스(Derek Sivers)의 일화를 소개합니다. 그는 자전거 타기에 푹 빠졌습니다. 매일 40km에 달하는 산타모니카 해변 도로를 달렸죠. 온 힘을 다해 전속력으로요. 어느 순간부터 그는 이 43분이 몹시 괴로웠습니다.

그래서 마음을 바꿨습니다. 좀 더 느긋하게 즐기기로 했죠. 그는 자전거를 타며 바다 위를 점프하는 돌고래와 하늘을 나는 펠리컨을 보았습니다. 오랜만에 순수한 시간을 보냈지요. 그렇게 평소와 같이 한 바퀴를 돌았을 때, 그는 깜짝 놀랐습니다. 그가 자전거를 탄 시간은 45분. 고작 2분의 차이가 전쟁을 평화로 만들었습니다.

여러분의 도전에도 쉬는 시간을 만드세요. 뉴턴(Newton)은 사과나무 아래서 쉬고 있을 때 떨어지는 사과를 보며 중력을 발견했습니다. 아르키메데스(Archimedes)는 욕조에서 쉬다가 넘치는 물을 보고 부력의 원리를 찾았고요. 저도 샤워할 때 좋은 생각이 떠올라 욕실에서 나오자마자 메모장에 적은 경우가 많습니다. 예기치 못한 일에 불안할 때면 몸과 마음을 내려놓으세요. 곧 현명한 해결책을 찾을 겁니다. 유레카!

10분 마음처방전

지금 내 마음은 긍정과 부정 중 어디로 기우나요? 긍정적인 사람이 되기 위해서 하루 종일 함박웃음을 짓고 쾌활할 필요는 없습니다. 아주 약간만 방향을 바꾸어도 전체의 궤적을 바꿀 수 있지요. 간단한 글쓰기로 긍정으로 방향을 전환합시다. 평소 내가 자주 말하는 부정적인 문장을 다섯 개 쓴 후 그것을 긍정어로 바꿔보세요. 예를 들면 '난 진짜 못해'라는 말은 '아직 익숙하지 않을 뿐이야'로, '또 실수했네'는 '다음에는 더 잘할 수 있겠다'로, '이건 불가능해'를 '가능한 방법을 찾아보자'로요. 마음을 밝히면 새로운 길이 보일 거예요.

내 인생의 나침반

세 번은 질리고 다섯 번은 하기 싫고 일곱 번은 짜증이 나는데 아홉 번째는 재가 잡힌다.
-세이노,《세이노의 가르침》

오늘이라는
작은 선

제가 일하는 병원은 건설 노동자분들의 검진의 비중이 높습니다. 건설업의 특성상 외국인과 고령 환자분이 많지요. 처음에는 힘들었습니다. 단순한 촬영인데도 말이 통하지 않아 애를 먹고 수백 마디를 하느라 오후가 되면 목이 칼칼했어요.

그래서 촬영에 필요한 문장들을 외국어로 적기 시작했

습니다. 영어와 일본어는 수월했습니다. 하지만 중국어는 성조가 있어 발음이 어려웠고 베트남이나 태국, 미얀마, 캄보디아, 러시아 말은 번역 사이트에 읽는 법조차 나오지 않았어요. 그래서 어느 정도 한국어를 할 줄 아는 외국인 환자분을 만날 때마다 묻고 적으며 저만의 번역 노트를 만들었습니다.

언어 문제를 해결한 뒤, 이후의 검사 장소를 쉽게 안내하는 방법을 고안했습니다. 바닥에 파란색 테이프로 방향 안내선을 만들고요. 숫자와 커다란 화살표를 넣은 페이지를 디자인해 모니터에 띄웠습니다. 저만큼 목이 터져라 안내하던 다른 직원들의 목소리가 줄자, 오랫동안 숨어 있던 자신감이 마음을 채웠습니다.

점점 출근이 즐거워졌습니다. 화장실에 오가면서 어질러진 의자와 책상 위를 정돈하고 바닥에 떨어진 쓰레기를 주웠습니다.

미로처럼 복잡했던 마음이 일을 시작하면서 제 길을 찾기 시작했습니다. 나의 사소한 배려가 누군가의 길을 터준다는 생각에 뿌듯했어요. 내가 닿는 모든 사람과 공간이 함께 숨 쉰다는 마음이 들었지요.

반복이 만드는 진한 삶

저는 MZ세대입니다. 그럼에도 주변에서 접하는 MZ의 모습이 낯설 때가 있어요. 예를 들어 업무 설명을 들은 뒤, "제가요?"라고 묻거나 일 하나를 마치고는 자연스레 스마트폰이나 인터넷 창을 들여다보고 있을 때요. 이해도 빠르고 흡수력도 좋은 나이에 자신의 능력을 적극적으로 올리지 않는 게 참 안타깝습니다.

이건 특정 세대의 문제가 아닙니다. 우리 모두 오랫동안 '주어진 일'만 해결하며 살았지요. 스스로 무언가를 찾고, 생각하고, 해결해본 경험이 적어요. 남이 시키는 일은 뭐든지 지루하기 마련입니다.

《세이노의 가르침》의 저자 세이노는 말합니다. 연봉을 높이거나 더 부유하고 싶다면 가장 먼저 자신의 능력을 키우라고요. 그리고 새로운 직업을 찾기보다는 지금 매일 하는 일에서 개선점을 찾으라고 말합니다. 하다못해 화장실 바닥에 물을 뿌리는 것조차 균일하게 뿌릴 수 있는 방법이 있고 그걸 찾는 사람이 '일 잘하는 사람'으로 인정받습니다.

피보다 진한
하루를

내가 하는 일에서 작은 개선점을 찾는 일은 생각보다 재미있습니다. 게임 아이템을 모아 나의 능력치를 키우는 것과 같지요. 매일 마주하는 평범한 하루에 '새로운 것을 발견한 하루', '어렵던 일을 해결한 하루'라는 의미가 더해지기도 하고요.

그러다 보면 어느새 세이노가 말하는 '피보다 진한 하루'를 사는 자신을 발견할 겁니다. 그저 월급을 받기 위한 일, 지루하게 촬영만 반복하는 내가 아니라 어제보다 한 단계 성장한 내가 되지요. 열정은 거창한 게 아닙니다. 삶의 매 순간을 사랑하는 용기입니다.

여러분에게 묻습니다. 지금 할 수 있는 작은 성장은 무엇인가요? 내가 일상적으로 하는 일들을 객관적으로 바라본 적이 있나요? 개선 방법을 알고 있나요?

'그냥 하던 대로' 해왔던 일의 개선점을 찾는 가장 쉬운 방법은 '메모'입니다. 일단 종이와 펜을 들어보세요. 그러면 자연스럽게 생각이 시작됩니다. '어떤 점을 고치지?', '내가 그때 어땠더라?', '어떻게 하면 좋을까?'라는 질문이 떠오를 겁니다.

제가 외국인 환자들 앞에서 당황하지 않을 수 있는 건, 8개 국어로 정리해 놓은 저만의 '비법 노트'가 있기 때문입니다. 여러분도 메모를 시작하면 삶의 당황스러운 순간에 들춰볼 수 있는 든든한 비법 노트가 생길 거예요.

10분 마음처방전

내 삶의 방향을 찾는 데 도움이 되는 글쓰기 방법을 소개합니다. 바로 '좌절 이력서'예요. 우리는 보통 성공 경험과 성취를 나열하는 이력서를 씁니다. 하지만 이번에는 반대로 여러분이 겪었던 좌절과 실패, 거절의 경험을 적어보세요. 실패를 통해 무엇을 배웠는지, 어떻게 다시 일어섰는지를 기록하는 겁니다. 그러면 내가 위기에 처할 때마다 극복한 방법의 규칙을 찾을 수 있을 거예요. 밥이나 잠을 챙기거나, 정보를 찾고 운동으로 에너지를 끌어올리는 것처럼요. 그리고 그 모든 것을 이겨낸 단단한 나를 찾을 테지요.

혼자만의 시간에 무얼 하나요?

부모의 사랑은 아이를 강하게 하고, 면역력을 증진시키고,
역경을 극복할 수 있는 회복탄력성을 강화한다.
이것이 바로 사랑의 힘이다.
-김주환,《그릿》

아주머니의
갈치 한 토막

우리 동네 골목 어귀에는 작은 백반집이 있었습니다. 소박하고 정겨워 '밥집'이라고 부르는 게 더 잘 어울리는 곳이지요. 이름도 '엄마 백반'. 직원은 아주머니네 네 가족이 전부입니다. 아주머니는 넉넉한 인심과 따뜻한 손맛으로 동네 사람들의 허기진 배를 채워주셨죠. 가게 앞을 지나갈 때면 저를 불러 세워 직접 담근 김치를 주곤 하셨습니다. 따님

과 나이가 같아 정이 간다고 하신다면서요.

어느 날부터 엄마 백반 앞에 유모차가 한 대 서 있었습니다. 동네 아는 분의 손자 하준이라더군요. 하준이 엄마는 필리핀 사람인데 육아에 관심이 없어 아이를 방치한다 했습니다. 아주머니는 제게 이것저것 물으셨어요. 아이 옷은 어디에서 사야 하는지, 밥은 어떻게 먹여야 하는지. 얼마 후 활짝 웃는 얼굴로 자랑하시더군요. 하준이가 갈치 한 토막이면 밥 한 그릇을 뚝딱한다고요. 아주머니는 매주 갈치를 사셨습니다.

하준이는 건강했지만 말이 느리고 성격이 난폭했습니다. 하루걸러 하루마다 할아버지가 하준이를 호통치는 소리가 동네에 쩌렁쩌렁했어요. 늘 엄마 손을 잡고 다니는 우리 집 아이들이 부러웠는지 달려들어 때린 적도 여러 번입니다. 그런 하준이의 거친 모습에 속상하고 때로는 걱정스러웠습니다.

첫째 다정이의 유치원 입학식 날 같은 교실에 있는 하준이를 보았습니다. 반가운 한편 염려스러웠던 것도 사실입니다. 하지만 한 해, 또 한 해 지날수록 하준이의 모습은 놀랍게 변했습니다. 주체하지 못하던 과한 행동이 점차 줄어들고 다른 아이들처럼 평범하고 밝게 자랐습니다. 저는 그 안에서 보이지 않는 힘을 느꼈지요.

나를 일으키는
한 사람

김주환 교수의 《그릿》에는 그 힘의 원천이 등장합니다. 미국의 발달 심리학자 에미 워너(Emmy Werner)가 하와이의 카우아이섬에서 진행한 연구인데요. 그는 1955년에 태어난 아이들 698명을 40년 이상 추적 조사했습니다. 그중에는 가난, 가정 폭력 등 열악한 환경에서 태어난 위험군 아이들이 약 3분의 1을 차지했어요.

연구자들은 이 아이들 중 상당수가 비행 청소년으로 자라거나 성인이 되어 불행한 삶을 살 것이라 예상했습니다. 하지만 놀랍게도 그중 3분의 1에 해당하는 70여 명의 아이들은 역경을 딛고 건강하고 능력 있는 성인으로 성장했습니다. 평범한 아이들보다 더 성공한 삶을 사는 경우도 많았지요.

도대체 무엇이 이 아이들을 특별하게 만든 걸까요? 워너 교수는 그들의 삶을 자세히 들여다보았고 그 해답이 바로 '한 사람의 존재'라는 걸 발견했습니다. 비록 부모가 제대로 돌보지 못했더라도 이 아이들에게는 무조건적인 사랑과 지지를 보내는 한 사람이 있었습니다. 할머니나 선생님, 좋은 이웃이요. 덕분에 아이들은 스스로를 소중하게 여기고 세상은 믿을 만한 곳이라는 신뢰를 가질 수 있었지요.

김주환 교수는 이 보이지 않는 힘을 '그릿'이라 말합니다. 그릿은 마음 근력으로 삶의 어떤 역경 앞에서도 꺾이지 않고 앞으로 나아갈 수 있는 힘입니다. 카우아이섬의 아이들이 그랬듯 우리 역시 마찬가지입니다. 우리 안의 잠재력을 끌어내는 것은 대단한 재능이나 환경이 아니라 따뜻한 눈빛과 진심 어린 말 한마디이지요.

이별 그리고
흔적

어느 날 엄마 백반 앞에 트럭 한 대가 서 있었습니다. 인부들이 부지런히 짐을 옮기고 식당 안은 텅 비어 있었죠. 아주머니는 우리를 보며 반가워하셨습니다. 인사라도 하고 갈 수 있어 다행이라며 웃으셨습니다. 다른 곳으로 옮기시는 거냐는 물음에 아주머니는 시골에 가서 좀 쉬다 오신다고 하셨습니다.

그리고 몸을 돌려 다정이 다감이를 꼬옥 안으며 말씀하셨지요.

"다정이, 다감이 덕분에 할머니가 많이 행복했어. 우리 이쁜이들 자라는 걸 못 봐서 아쉽다. 하지만 할머니는 알아.

점점 더 예뻐질 테지. 건강해야 한다. 건강이 최고야. 건강이…"

아주머니의 눈에 눈물이 차오르고 저도 먹먹한 마음을 누르며 집으로 향했습니다.

얼마 전, 놀이터에서 하준이를 만났습니다. 친구들과 활기차게 뛰어놀며 씩씩하게 인사하더군요. 저는 압니다. 아주머니는 비록 우리 곁에 계시지 않지만 하준이의 웃음은 엄마 백반 아주머니의 갈치 한 토막이 쌓여 만든 것이라는 것을요.

10분 마음처방전

'그릿'은 비단 아이들에게만 필요한 건 아닙니다. 우리 모두 끝없이 배우고 성장하니까요. 마음 근력을 단련하기 위해 혼자 시간 보내는 법을 소개합니다. 먼저 모르는 동네의 작은 서점을 찾아가보세요. 서점 주인의 취향에 맞춘 큐레이션에서 예기치 못한 인생책을 찾을지도 모릅니다. 작은 모험이 마음을 튼튼하게 할 거예요. 다음으로는 한 손으로 설거지를 해보세요. 능숙하지 않은 동작이라 어색하고 몇 번이나 실패할 겁니다. 하지만 그 과정에서 새로운 방법과 가능성을 찾겠죠. 일상의 작은 도전에 단련된 마음은 큰 어려움 앞에서도 쉽게 무너지지 않습니다.

삶의 마지막 순간이 온다면

우리의 삶은 남들만큼 비범하고, 남들의 삶은 우리만큼 초라하다.
-허지웅,《살고 싶다는 농담》

삶만큼 가까운
죽음

스물한 살 가을, 중간고사를 마치고 엄마의 병실로 향했습니다. 여러 개의 링거와 소변줄, 피 주머니를 지나 엄마의 손을 만지는 일이, 험난한 여정을 뚫고 동화 속 공주를 구하러 가는 듯했습니다. 핏기 없고 퉁퉁 부은 얼굴이 낯설었습니다. 그해 엄마의 허리는 더 이상 일을 할 수 없다는 판정을 받았습니다.

척수가 흘러서, 신장에 종양이 있어서, 다리 정맥 기형 때문에 한 해 걸러 한 해마다 수술복을 입은 엄마를 마주했습니다. 중환자실 면회 시간을 맞추려 계단을 뛰어오르거나 수술실 앞 의자에 앉아 수많은 이름 중 하나를 찾는 일이 익숙해졌습니다. 그리고 기어이 엄마는 허혈성 뇌동맥류 진단까지 받았습니다. 그건 오늘 밤 잠든 엄마가 내일 아침 다시 눈을 뜨지 못할 수도 있다는 뜻이었습니다.

죽음이 삶 가까이 있는 건 생각보다 고단한 일입니다. 엄마는 텔레비전에서 몰랐던 정보가 나올 때마다 문자를 보냈습니다. 반찬을 만들 때마다 나와서 보라고 했습니다. 엄마가 아는 모든 걸 가르쳐주지 못하고 갈까 봐서요. 나는 종종 자다가 벌떡 일어나 엄마 방으로 갔습니다. 그리고 엄마 코 밑에 손을 대보았습니다. 엄마의 숨결이 손가락에 닿으면 다시 내 방으로 돌아왔습니다. 베개를 베고 누우면 안도의 눈물이 흘렀습니다.

닿을 듯
닿지 않는 삶

5년, 10년. 삶은 계속 이어지고 엄마는 여전히 곁에 있습니다. 때때로 남들처럼 삶이 무료하고 엿가락처럼 늘어진 하루가 내 몸을 둘둘 말았습니다. 집 안에 틀어박혀 두 아이를 키우는 동안, '죽겠다', '죽는 게 낫겠다'는 생각이 맴돌며 어느새 내 곁에 다시 죽음이 머물렀습니다. 엄마가 살아 있는데도요. 뛰어내리라고 속삭이는 환청을 듣고서야 화들짝 놀랐습니다. 삶을 꽉 움켜쥐겠다고 다짐했지요.

그러나 의지는 덜렁거리는 손목 근육처럼 서고 꺾이기를 반복했습니다. 수렁에 빠진 발을 꺼내는 일조차 지루할 때, 허지웅 작가의 책이 눈에 들어왔습니다. 죽음 가장 가까이에 머물렀던 그 작가의 삶이 다가왔습니다.

허지웅 작가는 '인생의 일곱 장면 꼽아보기'를 제안합니다. 흔히 죽음 앞에서 인생이 주마등처럼 지나간다고 하지요. 그 파노라마를 미리 보는 건데요. 가장 처음 깨달은 건, 삶이 공평하다는 사실입니다. 모두의 첫 장면은 기억하는 한 탄생의 가까이에, 그리고 마지막 장면은 죽음일 테니까요. 그리고 오랜 시간 고민했습니다. 몇 번째 칸까지 채울 것인가에 대하여.

내게 남은 다섯 칸. 석 달 열흘을 늘어놓아도 부족할 것 같던 과거에서는 꼽고 싶은 것이 많지 않습니다. 한 칸 정도만 사용할래요. 남편과 결혼한 날이나 첫째 다정이를 품에 안은 날 정도요. 앞으로 남은 날에는 보고 싶은 게 많습니다. 아이들의 결혼식이나 첫 집을 장만한 날이나 멋진 여행

지의 날. 그 날들을 살고, 싶습니다.

매일이
삶과 죽음 사이

다정이를 임신하고 얼마 지나지 않았을 때의 일입니다. 주말 오후, 엄마에게 전화를 걸어 보니 휴대폰 전원이 꺼져 있었습니다. 몸이 아파 낮잠을 주무시나 싶었는데 저녁을 먹고 나서도 통화가 연결되지 않았습니다. 바로 119에 신고했습니다.

"엄마가 허혈성 뇌혈관질환을 앓고 계시는데 전화를 받지 않으세요. 생사 확인을 부탁드립니다. 평소 진료받는 병원은…"

남편은 당장 차에 시동을 걸었습니다. 비상등을 켜고 시속 140킬로로 내달렸어요. 서초나들목이 가까워졌을 즈음 구급대원분에게서 전화가 왔습니다. 엄마가 괜찮으시다는 연락이었습니다.

"예지야, 엄마가 휴대폰 충전을 깜빡하고 있었나 봐. 전원이 꺼진 줄도 모르고 있었어."

그제야 맥을 놓고 우는 제게 엄마는 말했습니다.

"엄마 안 죽어. 괜찮아. 울지 마. 뱃속에 아기 있잖아. 아이 놀란다."

    잊고 지내던 엄마의 병이 생경하게 다가오고 손톱만 한 생명이 콩닥콩닥 자라던 그날이 떠오릅니다. 삶과 죽음이 공존하던 그 순간처럼, 엄마의 수술실 앞에서처럼. 내 삶의 일곱 장면 사이에도 수많은 삶과 죽음이 있습니다. 그리고 시선을 주위로 세상으로 돌리면 우리 사는 모든 매일이 삶과 죽음 사이를 왔다 갔다 합니다. 그 사실을 깨달은 다음 날부터 일기 첫 줄에 항상 적습니다. 오늘도 경이롭고 감사한 하루.

10분 마음처방전

삶은 수많은 장면으로 이루어진 하나의 긴 이야기입니다. 크고 작은 순간들이 모여 지금의 '나'를 만들었지요. 앞으로도 그럴 테고요. 그 중 '일곱 가지 장면'을 추립시다. 여러분은 어떤 것을 남기고 싶은가요? 살아온 시간을 조각조각 핵심 경험을 찾아보세요. 내 인생에서 가장 따뜻했던 장면, 나를 바꾸어 놓은 실패, 내 삶의 방향을 바꾼 사람처럼요. 이 글쓰기를 마치면 여러분의 삶이 훨씬 더 깊고 아름답게 와닿을 겁니다.

에필로그

쓰는 사람이 된 당신에게

여기까지 오신 여러분, 축하합니다. 이 책을 한 장씩 넘기는 일이 마냥 쉽지만은 않으셨을 거예요. 낯선 두 가지를 하셔야 했을 테죠. 생각하기와 글쓰기. 우리는 구글 제미나이(Gemini)가 1,500장 분량의 문서를 순식간에 요약해주는 시대에 삽니다. 그 와중에 당장 눈앞에 결과가 보이지 않는 일에 꾸준히 시간을 낸다는 건 참으로 대단한 일입니다.

그동안 여러분의 일상은 조금 변했을 겁니다. 하루 2~30분 시간을 만들고자 일과를 점검하셨겠지요. 저처럼 이른 새벽에 일어나기 위해 수면 시간을 앞당기셨을지도 모르겠어요. 마음을 정돈하기 위해 차를 마시고, 잠들기 전 깊게 호흡하며 온몸의 긴장을 푸는 습관도 몸에 익히셨는지요?

한 권의 책을 쓰는 동안 저에게는 참 많은 일이 있었습니다. 둘째 다감이가 유치원에 입학했고 직장에 복귀했지요. 야심차게 시도한 일에 처참히 실패하고, 재정적 어려움을 겪기도 했습니다. 친정 부모님이 전원생활을 시작하셨고, 근무하는 병원의 원장님이 암 진단을 받으셨습니다. 크고 작은 일들을 겪으며 세 가지 감사를 떠올렸습니다.

첫 번째는 시련에 대한 감사입니다. 재정적으로 힘들지 않았다면 다시 복직하지 않았을 겁니다. 여전히 아이들 가까이에 있어야 한다는 생각에 시간 관리가 유연한 강사 자리만 찾고 있었겠지요. 우리는 위기의 신호 앞에서 모든 촉수를 곤두세웁니다. 평소라면 생각하지 못했을 기발한 발상과 묘책을 떠올리지요. 저도 한 방향만 바라보지 않은 덕분에 다시 병원에서 일합니다. 그동안 몰랐던 저의 성향도 알고 편견도 바로잡았지요. 시련은 나를 한 단계 성장시키는 동력임을 다시 한 번 깨닫습니다.

두 번째는 사람에 대한 감사입니다. 항상 곁에 있던 엄마와 떨어져 지내도 씩씩한 두 아이에게 고맙습니다. 엄마의 빈 자리를 채우려 노력한 남편과 친정 아빠에게도요. 존재만으로도 마음의 힘인 양가 부모님께도 감사합니다. 내가 초라했을 때도 변함없던 지인들과 제때 마감하지 못하는 저를 묵묵히 기다리신 여름의서재 대표님께도 감사합니다. 그리고 인생의 벽을 넘을 수 있는 책을 쓴 작가분들께도 감사합니다. 덕분에 혼자 사는 세상이 아니라는 겸손을 배우고 받은 만큼 나누리라는 꿈을 키웁니다.

세 번째는 나에 대한 감사입니다. 만약 나의 지난날들을 어느 모임에서 타인의 입으로 들었다면, 온 마음을 다해 꼬옥 끌어안아줬을 겁니다. 그러나 나라는 이유로 더 강하지 못함을 질타하고, 무심하게 외면했던 '나'에게 미안합니다. 수많은 실패에도 주저앉지 않고 꿋꿋하게 다시 이겨내며 잘 살아주어 고맙습니다. 앞으로 남은 날들은 외롭지 않게 든든한 동료로 지내야겠습니다.

숨 쉬는 것마저 지긋지긋했던 삶이었지만 차근차근 바라보면 경이롭지 않은 것이 없습니다. 절기에 맞춰 달라지는 바람의 온도와 매일 한 뼘씩 자라는 무성한 잡초도요. 이 모든 것들을 키워내는 지구에서는, 저 또한 경이로운 존재임이 분명합니다. 이미 일어난 멋진 일들보다 더 근사한 일들이 제 안에서 자라고 있을 겁니다. 여러분 안에서도요.

하루 10분, 살기 위해 적어 내려갔던 짧은 글쓰기를 엮어 한 권의 책을 지었습니다. 처음 글을 쓰기 시작했을 때는 세탁기 버튼을 누르러 일어나는 것조차 왜 그리 힘든지, 그렁그렁한 눈으로 베란다에 나갔습니다. '1분만. 딱 한 번만' 나를 다독여야 했지요. 지금은 다릅니다. 알람 소리에 벌떡 일어나 쌀을 씻고 기대되는 하루를 시작합니다.

거울 속의 내가 낯설고 나에 대한 질문 앞에서 막막했던 모습도 변했습니다. 이제는 다른 사람과 비교하는 마음을 내려놓고 가장 편하고 좋은 것들을 곁에 둡니다. 부디 저처럼 여러분에게도 작은 변화가 찾아왔기를 바랍니다. 하브루타와 글쓰기라는 도구를 잘 이용하면 진짜 나의 모습을 발견할 수 있을 거예요.

영국의 과학자 마이클 패러데이(Michael Faraday)를 아시나요? 그는 찢어지는 가난으로 학창 시절이 아예 없었고 죽을 때까지 간단한 대수만 할 줄 알았습니다. 스무 살이 넘어서야 본격적으로 과학에 뛰어들었지요. 그가 전자기 회전을 발견한 것은 서른 살, 전자기 유도 현상을 발견했을 때는 마흔, 그리고 자기 광학 효과와 반자성을 발견한 것은 쉰네 살입니다. 평균이라는 잣대에 갇혀서 여러분의 가능성을 묻어두지 마세요. 지금부터 시작해도 여러분의 재능을 드러내기 충분합니다.

이 책과 함께하면서 나와 나의 쓰임, 내 꿈과 삶에 대해 다양한 생각을 하셨을 겁니다. 그렇게 적은 것들을 하나하나 세상 밖으로 꺼내세요. 지금까지 적은 글들을 부끄러워하지 마세요. 처음은 그 자체만으로 대단합니다. 글은 고칠수록 더 견고해집니다. 미국의 유명한 소설가 헤밍웨이도《노인과 바다》를 쓰며 400번 이상 고치고, 톨스토이는《전쟁과 평화》를 35년 동안 손봤습니다. 고치기를 두려워하지 마세요. 고칠수록 빛날 여러분의 삶을 응원합니다. 언제까지나.

다시 쓰기 위하여

© 우예지, 2025

1판 1쇄 인쇄 2025년 11월 21일
1판 1쇄 발행 2025년 11월 28일
지은이. 우예지
펴낸이. 권은정
펴낸곳. 여름의서재
표지 디자인. studio fttg
본문 디자인. 눈씨 박선주
등록. 제02021-92호
전화번호. 0502-1936-5446
이메일. summerbooks_pub@naver.com
인스타그램. @summerbooks_pub
ISBN. 979-11-994294-1-3 03800
값. 19,000원

값은 책표지에 표시되어 있습니다.
잘못 만들어진 책은 구입한 서점에서 바꾸어드립니다.

이 도서는 2025년 문화체육관광부의 '중소출판사 성장부문 제작지원'
사업의 지원을 받아 제작되었습니다.

여름의서재는 마음돌봄을 위한 책을 만듭니다.
함께 아프고, 함께 공감하고, 함께 성장합니다.